L'ACCIDENT DE MAX

BIOGRAPHIE

Bonnie Bryant est née et a grandi à New York, où elle vit toujours aujourd'hui avec ses deux enfants. Elle est l'auteur de nombreux romans pour la jeunesse mais aussi de novélisations de scénarios de films comme *Chérie, j'ai rétréci les gosses*. La série Grand Galop est née de la passion de Bonnie Bryant pour les chevaux. Cavalière expérimentée, elle dit néanmoins que les héroïnes du Grand Galop, Lisa, Steph et Carole, sont de bien meilleures cavalières qu'elle.

Avis aux lecteurs

Vous êtes nombreux à nous écrire et nous vous en remercions. Pour être sûrs que votre courrier arrive, adressez votre correspondance à :

Bayard Éditions Jeunesse
Série Grand Galop
3/5, rue Bayard
75008 Paris

GRAND GALOP

L'ACCIDENT DE MAX

BONNIE BRYANT

TRADUIT DE L'AMÉRICAIN
PAR VALÉRIE MOURIAUX

BAYARD JEUNESSE

Je tiens à remercier particulièrement Kimberly Brubaker Bradley pour m'avoir aidée à écrire ce roman.

Titre original
SADDLE CLUB n° 69
Endurance Ride

Loi n°49 956 du 16 juillet 1949
sur les publications destinées à la jeunesse.
Dépôt légal mars 2003

ISBN : 2 227 738 60 X

Avertissement

Que tu montes déjà à cheval ou que tu en rêves,
que tu aimes le saut d'obstacle, la randonnée
ou la vie des écuries,
la série **Grand Galop** est pour toi.
Viens partager avec Carole, Steph et Lisa,
les secrets de leur centre équestre préféré.

Le Club du Grand Galop

Carole, Steph et Lisa
sont les meilleures amies du monde.
Elles partagent le même amour des chevaux
et pratiquent leur sport favori au centre équestre
du Pin creux. C'est presque leur unique sujet
de conversation. À tel point qu'elles ont créé
en secret le Club du Grand Galop.
Deux règles à respecter pour en faire partie :
être fou d'équitation
et s'entraider coûte que coûte.

1

– Bonne nouvelle, Arizona ! J'ai de l'avoine pour toi ! lança Steph Lake à son cheval.

En entendant le mot magique, la jument baie glissa la tête par-dessus la cloison de son box en secouant la tête et souffla. Steph et ses deux meilleures amies, Carole Hanson et Lisa Atwood, éclatèrent de rire. Arizona piaffait d'impatience. Steph se dépêcha de verser l'avoine dans la mangeoire.

– Et Max qui prétend que les chevaux ne

comprennent pas ce qu'on leur dit ! remarqua Lisa en haussant les épaules.
– J'ai du mal à le croire ! intervint Carole.
– Pourtant, c'est la vérité, dit Max en s'approchant.
Le moniteur d'équitation des filles était emmitouflé dans un épais sweat-shirt à capuche.
– Tout ce qu'elle comprend, c'est que c'est l'heure de son repas. Arizona reconnaît l'odeur de l'avoine, c'est tout.
Ses yeux brillèrent :
– Alors ? Prêtes pour une petite balade ?
Ce matin-là, les trois jeunes cavalières et Max allaient faire leur première course d'endurance. Ils devraient parcourir quatre-vingts kilomètres de sentiers battus en douze heures, et terminer avec un cheval en pleine forme. Le cheval qui arriverait le premier dans de bonnes conditions serait désigné vainqueur. En vérité, les filles se souciaient peu de finir le parcours les premières ; elles voulaient finir tout court...
– Prêtes ! répondit Carole. On a fait notre

dernière course d'entraînement mercredi, et le pouls et la respiration de Diablo…

– Stop ! s'écria Steph en se bouchant les oreilles.

Ça faisait des jours que Carole leur servait le même discours !

– Je connais tout ça par cœur ! Arizona est très bien préparée, elle est en forme, alors je ne veux plus en entendre parler ! Monter à cheval est un art, pas une science !

Carole cligna des paupières.

– OK, Steph, fit-elle malicieusement. Disons juste que nous sommes prêtes, et bien prêtes !

Carole était « la » cavalière par excellence, celle qui avait trouvé là sa vocation. Elle voulait consacrer sa vie aux chevaux. Elle adorait apprendre, et s'entraîner à la course d'endurance avait été pour elle un véritable plaisir. Évidemment, elle avait lu plein de livres à ce sujet… Diablo, son cheval, était au mieux de sa forme.

Max s'avança vers le box de Barq, un hongre anglo-arabe qui attendait son petit déjeuner.

– Prancer, elle, ne me semble pas prête, dit Lisa d'un air morose en agitant la boîte d'avoine devant le box de la jument. Elle n'a même pas reniflé l'avoine. Regardez, elle dort encore !

Prancer était une magnifique jument pur-sang que Max avait rachetée. Lisa la montait souvent.

– On ne peut pas lui en vouloir, dit Carole en regardant par-dessus son épaule la jument endormie. Après tout, il n'est que quatre heures du matin.

– Oh, ne m'en parle pas ! C'est bien trop tôt..., bâilla Steph. Pourquoi la course commence-t-elle si tôt ?

– Pour que tout le monde soit arrivé avant la tombée de la nuit.

– Mais on est en été, les soirées sont longues ! Vous croyez qu'on va vraiment mettre douze heures pour la faire, cette balade ?

– Possible, fit Lisa. D'ailleurs, ça m'inquiète un peu : quatre-vingts kilomètres, ce n'est pas rien ! On n'est jamais restées en selle aussi longtemps...

Bien entendu, ils ne parcourraient pas ce trajet d'une seule traite. Il y avait deux haltes, où les chevaux allaient se reposer après avoir été soigneusement examinés par un vétérinaire ; les cavaliers pourraient aussi casser la croûte.

Carole passa son bras autour des épaules de Lisa.

– On s'est entraînées, et Max sera là. Et n'oublie pas que rien n'est impossible pour le Club du Grand Galop !

Lisa se sentit réconfortée. Elles seraient ensemble, et Max les accompagnerait pendant la journée entière. Le règlement des courses d'endurance était très strict en ce qui concernait les plus jeunes participants. Un cavalier adulte devait rester avec eux tout au long de l'épreuve.

Lisa agita sa boîte d'avoine :

– Prancer… Prancer… réveille-toi…

La jument ouvrit les yeux et poussa la boîte avec son museau.

Lisa éclata de rire :

– Ça y est ! Prancer se réveille !

– On ne peut pas en dire autant de moi ! s'exclama une voix que les filles reconnurent aussitôt.

C'était Phil Marsten, le petit ami de Steph. Il surgit de l'ombre, frottant ses yeux encore pleins de sommeil.

– Je ne sais pas si ça vaut vraiment le coup de se lever si tôt, dit-il, mais puisque M. Baker et Max disent que si, alors me voilà…

Il versa de l'avoine dans un seau pour son cheval, Teddy, puis lui brossa la crinière.

M. Baker apparut :

– Où est Max ? J'ai du café chaud !

M. Baker possédait une écurie près de Willow Creek, où se trouvait le Pin creux. Il dirigeait le club où Phil montait, le Cross Country, dans la ville voisine. À la fin de l'année scolaire, il avait proposé à Max de participer à cette course d'endurance. Le Club du Grand Galop avait trouvé cela amusant et avait supplié Max de l'y emmener. Phil, de son côté, avait demandé à être de la partie.

– Je suis là, Sam ! Alors, bien dormi ?
– Pas assez ! J'ai besoin de ma dose de caféine. Je t'en sers un tasse ?
Max accepta de bon cœur. M. Baker proposa sa thermos aux filles et à Phil. Carole fit la moue. Elle détestait le café.
– Ma mère n'aime pas que j'en boive, refusa poliment Lisa.
Steph se contenta de grimacer et secoua la tête.
– Non, merci, dit Phil. Je ne tiens pas à me réveiller. Il est encore trop tôt. Je retourne me coucher.
– Ah ! Désolé…, répondit M. Baker d'un ton enjoué. Nous allons remballer les tentes, Phil.
Les cavaliers étaient arrivés la veille au soir. Ils s'étaient occupés de leurs chevaux, puis ils avaient installé les tentes pour y passer la nuit. Le départ avait lieu sur un immense champ de foire, où des boxes temporaires avaient été montés. Max, qui organisait chaque année une randonnée équestre de deux jours, disposait de tout le matériel indispensable.
– Avant ça, j'ai quelque chose à vous pro-

poser, fit Max. Que diriez-vous d'un bon fortifiant « Max-matin » ?

C'était sa fameuse tambouille à base de flocons d'avoine et de fruits secs.

– Pitié ! s'écria Lisa en prenant un air dégoûté.

– Miam-miam, dit Steph en se frottant le ventre d'un air gourmand. Moi, j'ai une faim de loup ! Pas vous, les filles ?

– J'ai envie d'un bon chocolat chaud avec des tartines, pas de cette ignoble mixture ! maugréa Lisa. Je ne sais pas comment tu fais pour avaler ça, Steph.

– Quand je pense aux mélanges d'ingrédients qu'elle commande chez Sweetie, plus rien ne m'étonne ! pouffa Carole.

La petite équipe suivit Max jusqu'à l'arrière de son van. Il sortit d'une glacière en plastique des sachets de sa préparation, et les distribua autour de lui. Steph, Phil et M. Baker mangèrent de bon cœur.

Carole, elle, fouilla dans la glacière. Elle en sortit du jus de fruit et des biscuits, qu'elle tendit à Lisa :

– Tiens ! Il vaut mieux partir le ventre plein !
– Est-ce que vous avez fait connaissance avec les autres cavaliers ? demanda Max entre deux bouchées.
Steph secoua la tête. La veille au soir, un dîner spaghetti avait été organisé pour la centaine de participants, mais le Club du Grand Galop n'avait pas eu l'occasion de parler à qui que ce soit en dehors de son groupe.
– Les gens ont l'air plus cool qu'en concours, observa Lisa.
– Il y a moins d'enjeu dans une course d'endurance, donc moins de stress ! expliqua Carole.
– N'empêche, fit Lisa, moi, j'aimerais revenir avec une médaille !
– Ne t'inquiète pas, Lisa, la rassura Max. Peu importe ton classement : si tu franchis la ligne d'arrivée, avec un cheval en forme, tu l'auras, ta médaille.
Phil s'assit dans l'herbe haute et appuya sa tête contre le van.

– Moi aussi, dit-il en bâillant, j'en veux une ! On n'aurait jamais dû veiller si tard hier soir. Mais je dois reconnaître, Steph, que tes histoires de fantômes n'étaient pas mal du tout…

Steph, Carole et Lisa échangèrent un regard. Elles ne voulaient pas que Max sache qu'elles s'étaient attardées longtemps autour du feu de camp. Elles se seraient senties un peu mieux si elles avaient dormi davantage.

– Mais qu'est-ce que vous croyez ? Je vous ai entendus ! lança Max en surprenant leur regard. Les toiles des tentes ne sont pas si épaisses que ça ! Si vous vous étiez mis à chanter, j'aurais protesté, mais comme Steph est très douée pour raconter des histoires de fantômes, alors…

Max était un bon enseignant, exigeant aussi, et il dirigeait son centre d'une main ferme. Toujours prêt à inventer de nouvelles activités, il était juste et d'une grande gentillesse.

– J'ai pris l'habitude de ne pas dormir

beaucoup, expliqua-t-il à M. Baker en riant. Maxine me réveille deux ou trois fois par nuit !
Deborah, sa femme journaliste, avait mis au monde quelques mois plus tôt une adorable petite fille.
– Alors, tu as un avantage sur moi, rétorqua M. Baker. J'ai besoin de beaucoup d'heures de sommeil. Ton deuxième avantage, c'est ton cheval... Quel magnifique anglo-arabe !
– Oui, admit Max, Barq est un excellent cheval. Les derniers champions d'internationaux descendaient d'anglo-arabes.
Il se frotta les mains :
– Je crois que Barq est un digne représentant de la noble tradition des chevaux du désert !
– C'est à cause de ça que tu l'as choisi pour la course ? demanda Lisa.
– Pas seulement, répondit Max avec sérieux. Mais les anglo-arabes se débrouillent bien sur les sentiers rudes, et ils sont faciles à manier, contrairement à d'autres chevaux.

– Quand je pense au mal que je me suis donné pour préparer ce pauvre Domino ! soupira M. Baker, morose.

Domino était un élégant hongre pie noir et blanc, d'une nature très douce. Il était magnifique, mais un peu plus lourd que Barq. Carole comprenait très bien pourquoi il n'avait pas dû être facile de l'entraîner.

– Tu vas mordre la poussière, Sam ! conclut Max en riant franchement.

– Attends de voir… Je parie que je finirai en meilleure forme que ton cheval ! J'ai suivi un entraînement très rigoureux. Je n'ai pas mangé un seul cheeseburger depuis une semaine, grimaça M. Baker.

– Quel sacrifice ! s'exclama Max. Je n'ai aucune chance de te battre si tu as suivi un régime aussi draconien !

Il baissa la tête, prenant l'air vaincu, ce qui fit rire les filles.

Carole continuait de réfléchir à ce que venait de dire Max :

– Barq est bâti un peu comme un coureur de marathon. Domino, lui, ressemble plus à un joueur de basket : grand et fort, mais pas si musclé que ça. Quant à Prancer, elle me fait songer à une ballerine… tandis qu'Arizona… eh bien, Arizona…

– Un joueur de hockey sur gazon ? pouffa Steph. Ou de water polo ?

– Non, Arizona est comme Prancer, mais moins délicate. Quant à Diablo, c'est un athlète complet… Comme ceux du décathlon. Et Teddy…

Elle fit une pause, et songea au corps trapu et musclé de Teddy, le cheval de Phil.

– C'est un joueur de football.

– Comment tu as deviné ? souffla Phil, stupéfait. Je lui apprends à jouer au foot, mais je vous réservais la surprise.

Tous éclatèrent de rire.

– Tu sais quoi, Steph ? Je crois que Teddy peut battre Arizona, reprit Phil. Je suis même sûr qu'on sera loin devant vous. On parie ?

Carole retint sa respiration et lança un regard à Lisa. Phil était un battant. Une seule personne sur terre l'était autant que lui. C'était Steph. Tous deux voulaient toujours être les premiers, et les meilleurs. Ils avaient failli rompre une fois à cause de cela.

Les deux amies furent alors très surprises par la réponse de Steph.

– Non, fit celle-ci avec fermeté. J'ai appris beaucoup de choses sur la course d'endurance, assez en tout cas pour ne pas parier avec toi. Arizona et moi, on a travaillé dur. Mais elle n'est pas prête à faire la course contre qui que ce soit, et elle n'en a pas l'expérience. Les cavaliers aguerris peuvent toujours essayer d'arriver premier. Moi, je veux simplement finir la course.

Carole était si contente qu'elle faillit applaudir.

– Je suis d'accord avec Steph, dit Max. Il n'est pas question d'arriver premier. On plaisantait, Phil. Sam et moi nous sommes défiés de bien préparer nos chevaux pour cette course, mais le défi s'arrête là, sur la ligne de départ.

Phil parut déçu.

– Vous exagérez ! Ce n'est jamais qu'une course ! protesta-t-il. J'ai monté Teddy presque tous les jours, sur des sentiers la plupart du temps. Je l'ai emmené au rallye du Pony Club. On a sauté. Il est en super forme !

– Un peu plus de préparation ne t'aurait quand même pas fait de mal, lui dit M. Baker d'un ton sévère.

Phil rougit. Carole le regarda avec compassion : elle aurait détesté que Max lui fasse ce genre de remarque devant tout le monde !

– Je vais voir Teddy, grommela Phil en se dirigeant vers le box.

Les filles lui emboîtèrent le pas.

– M. Baker est comme Max, dit Steph pour le réconforter. Il est très exigeant. Et puis, tu sais, les cavaliers professionnels ont entraîné leur cheval beaucoup plus sérieusement que nous, c'est tout !

– Peut-être, rétorqua Phil. Même si je suis un amateur, je me suis bien préparé. Je peux rivaliser avec un professionnel. Il faut arrêter de se prendre la tête avec cette course : on a douze heures pour faire quatre-vingts kilomètres. Ça fait du six kilomètres à l'heure. Un cheval va beaucoup plus vite que ça !

– Oui, mais on n'a que deux haltes vétérinaires, à quatre heures trente d'écart. Ce n'est pas beaucoup pour reprendre des forces !

Phil leva les yeux au ciel. Plus il regardait Teddy, plus il avait l'air convaincu de sa bonne foi. Et, visiblement, il avait déjà oublié la remarque de son moniteur.

– Et alors ? De toute façon, je me fiche de gagner. Tout ce que je veux, c'est battre une cavalière qui s'appelle Steph Lake. C'est tout à fait à ma portée, et à celle de Teddy.

Il adressa un sourire malicieux à Steph.

– Phil, arrête tes bêtises, fit celle-ci. Si tu veux savoir, je pense que je vais gagner. Arizona est capable de battre Teddy. Notre entraînement n'était peut-être pas indispensable, mais en tout cas il nous a drôlement apporté.

Lisa lança un regard étonné à Carole.

Décidément, l'esprit de compétition de Steph faisait un grand bond en arrière.
– Si tu en étais vraiment sûre, tu parierais avec moi.
– Je ne veux pas parier, parce que je n'ai pas besoin de ça pour savoir qu'Arizona gagnera. Elle prendra des kilomètres d'avance sur Teddy, simplement parce qu'elle sera plus en forme que lui au départ de la course.
– Et si on allait donner un coup de main à Max ? les interrompit Lisa, qui n'aimait pas la tournure que prenait leur conversation.
– Excusez-moi…
Ils se retournèrent. Une fille de leur âge, avec des cheveux noirs attachés en queue de cheval et portant un sweat-shirt, se tenait devant eux. Elle semblait très contrariée.
– Excusez-moi… Je m'appelle Chloé. Je fais la course, moi aussi. Mon cheval est dans le box à côté de celui de Diablo.
– C'est le gris ? dit Carole. Diablo est à moi. Je m'appelle Carole. Et voici Lisa, Steph, et Phil.

Chloé inclina poliment la tête dans la direction de Carole.

– J'ai une faveur à vous demander, dit-elle. Mon père devait venir à cette rando – c'était lui mon accompagnateur –, mais son cheval vient de se blesser à la couronne. Il ne peut plus faire la course. Donc moi non plus.

La couronne est l'anneau de chair autour du pied du cheval, et la moindre égratignure à cet endroit peut devenir handicapante.

– Je me suis dit que vous aviez vous aussi un accompagnateur…

– Oui, il y a Max, notre moniteur d'équitation, et M. Baker, celui de Phil, expliqua Lisa.

– Vous croyez que je pourrais faire la rando avec vous ? demanda Chloé. Est-ce que Max me prendrait dans son équipe ? Je suis expérimentée : j'ai déjà fait plus de mille kilomètres de course.

2

– Mille kilomètres ? Mais tu as fait combien de randonnées ? demanda Carole, très impressionnée.

– Une dizaine, je crois, répondit Chloé. Elles ne faisaient pas toutes quatre-vingts kilomètres. J'ai fait des rando de cent cinquante, aussi.

Il y avait comme de la vantardise dans sa façon de parler, même si ce n'était pas tout à fait ça. « Bien sûr, songea Carole, si j'avais parcouru un millier de kilomètres en rando, je serais fière de moi. »

– Tu veux que je te présente à Max ? poursuivit Carole. Il est là-bas, devant le van.

Elle le montra du doigt.

– Le grand homme avec la casquette de base-ball ? Je vais aller le voir, merci beaucoup.

Elle s'éloigna à pas rapides.

– Eh bien, Phil, la concurrence va être rude ! lança Steph à son petit ami.

Phil ignora la remarque et alla caresser l'encolure d'Arizona.

– Ma pauvre Arizona ! dit-il. Ta cavalière ne te fait vraiment pas confiance ! Elle ne te mérite pas !

– Je lui fais toute la confiance qu'elle mérite, répondit Steph. Je sais que, de toute façon, elle sera meilleure que Teddy.

– C'est un pari ?

– Non. C'est une promesse.

Lisa se prit la tête entre les mains. Steph avait beau appeler ça une promesse, c'était bel et bien un pari. Elle essaierait de battre Phil.

– C'est ma deuxième épreuve de la journée ! souffla-t-elle à l'intention de Carole.
– C'était quoi, la première ?
– Le petit déjeuner. La mixture de Max !
Carole secoua la tête en souriant.
– C'était une demi-épreuve : tu n'en as pas mangé ! Non, le petit déjeuner, c'était la deuxième épreuve. La première, c'était de dormir dans une soufflerie.
Lisa éclata de rire. La toile du rabat de leur tente s'était effondrée pendant la nuit, et le vent avait soufflé à l'intérieur jusqu'au petit matin.
Chloé les rejoignit bientôt, un grand sourire sur le visage. Max la suivait de près.
– C'est bon ! dit-elle. Max est d'accord. Mon père aussi. Ça roule ! Je pars avec vous.
– Formidable ! commenta Carole sans le penser vraiment.
Quelque chose chez cette fille la dérangeait, mais elle ne parvenait pas à le définir. Son assurance, peut-être ?
– Et ne vous inquiétez pas, reprit Chloé. Je

fais cette rando pour me préparer à une course de cent cinquante kilomètres qui aura lieu dans quelques semaines. Honnêtement, peu importe mon classement ! On ira à votre allure. Je pourrai vous donner des conseils, si vous voulez.

Lisa fronça les sourcils. Cette Chloé ne lui plaisait pas beaucoup : d'abord, elle se mettait un peu trop en avant ; ensuite, elle se permettait d'insinuer qu'elles feraient cette rando au pas de tortue. Pour qui les prenait-elle ?

Elle jeta un coup d'œil à ses amis, et comprit qu'ils ressentaient la même chose. Phil se tenait les bras croisés ; Steph et Carole, un peu en retrait, avaient échangé un regard entendu. Seul Max semblait tout à fait serein.

– Qu'est-ce qui te fait dire ça ? demanda Carole sèchement.

Chloé parut surprise :

– C'est votre première course, si j'ai bien compris, non ?

– Oui, répondit Steph. Et alors ?

– C'est Max qui me l'a dit. Remarque, je l'aurais deviné ! Il suffit de vous regarder !

Les membres du Club du Grand Galop se dévisagèrent. Elles portaient le pantalon et le sweat-shirt avec lesquels elles avaient dormi. Les boxes de leurs chevaux n'étaient pas aussi propres qu'ils l'auraient été au centre équestre, mais tout leur matériel était en ordre et en parfait état. Les chevaux étaient en pleine forme. Où était le problème ?

Max ne semblait pas choqué par l'arrogance de la cavalière. Il lui donna une tape amicale sur l'épaule :

– Je suis censé être responsable de toi, mais, vu ton expérience, je doute que tu aies besoin d'un accompagnateur.

« Eh bien, elle n'a qu'à la faire seule, cette rando, puisqu'elle est si expérimentée que ça ! » pesta intérieurement Lisa.

– C'est faux, répondit celle-ci. J'ai absolument besoin de vous. Bien sûr, j'ai fait assez de kilomètres pour m'en passer, mais si je fais la rando seule, on me classera en division senior. Et je ne veux pas y aller. Je suis en tête de la division junior de la région, mais je ne pourrais jamais prendre la tête de celle des adultes !

Max fit une moue admirative.

– En tout cas, dit-il, je suis très fier d'accompagner une professionnelle de la randonnée.

– Merci, Max. Mais, encore une fois, mon objectif n'est pas la vitesse. Tout ce que je veux, c'est passer la ligne d'arrivée.

« Finalement, songea Lisa, il n'y a rien qui cloche chez elle. Elle est plus expérimentée que nous, et elle nous le fait savoir. Mais elle semble franche, droite, et sincère. » Pourtant, elle regrettait que Chloé fasse la rando avec eux. Un coup d'œil à Carole, Steph et Phil lui suffit pour comprendre que ses amis partageaient son opinion.

Steph était en colère. Pourquoi Max avait-il accepté que cette fille les accompagne ? En plus, il la traitait comme une invitée d'honneur !

Phil s'approcha discrètement d'elle.

– Quelle plaie ! souffla-t-il.

– Je n'y crois pas, grommela Steph.

– Tu n'as qu'à venir avec moi et M. Baker, proposa Phil. On va lui faire mordre la poussière, à cette prétentieuse !
Steph grimaça :
– Tu oublies, mon cher Phil, que c'est moi qui vais te faire mordre la poussière !

3

Les filles avaient enfilé leur tenue d'équitation, remballé la tente et le matériel, puis harnaché leur monture. La course d'endurance allait commencer ; tout le monde était fin prêt.

Carole sortit Diablo de son box et l'amena dans l'herbe grasse du pré où ils avaient campé la veille. Steph et Lisa étaient déjà là, jetant un dernier coup d'œil à leur équipement. Carole descendit ses étriers, vérifia

encore une fois sa sangle, et se mit en selle. Chloé s'avança vers elle sur le dos de son cheval gris.
Les filles la dévisagèrent des pieds à la tête, bouche bée, se retenant de rire. Chloé avait un accoutrement très bizarre, complètement différent du leur.
Carole portait sa culotte d'équitation, comme d'habitude. Mais plutôt que de mettre ses bottes, elle avait choisi des bottines souples qui lui avaient semblé plus confortables pour randonner. Lisa portait son vieux pantalon et ses bottes les plus usées. Steph avait enfilé son jean habituel et ses bottes de cow-boy. Toutes trois avaient mis une veste par-dessus leur pull. Chacune avait un sac à dos, dans lequel elle avait glissé des barres de céréales, du sucre et des boissons, et un cure-pieds au cas où un cheval aurait un caillou coincé dans un sabot. Bien entendu, chacune portait une bombe. Max insistait toujours pour que ses élèves ne l'oublient pas. Les chevaux étaient harnachés avec leur bridon et leur selle habituels.

Chloé, elle, avait l'air de sortir tout droit d'un film de science-fiction. Sa selle n'était pas classique. On aurait dit une sorte de crêpe en plastique. Ses étriers étaient larges et plats, semblables à ceux que le Club du Grand Galop avait eu l'occasion d'utiliser lors d'un séjour dans l'Ouest – sauf qu'ils avaient des sortes de petites corbeilles à l'avant du pied. Carole n'en avait jamais vus de tels. Les corbeilles devaient empêcher la jambe de passer à travers les étriers en cas de chute, mais Chloé était-elle si mauvaise cavalière pour en avoir besoin ?
Le bridon de son cheval, en plastique rose fluorescent, se détachait sur la crinière blanche. Il s'harmonisait parfaitement avec la bombe fluo de la cavalière. Chloé portait une culotte d'équitation, une tunique, et une paire d'espadrilles. Plusieurs sacoches et des éléments de son matériel étaient suspendus à la selle, mais tout ce que Carole reconnut était une éponge.
– Qu'est-ce que tu as sur le dos ? demanda Steph d'une voix étranglée.

Chloé se retourna pour lui montrer un curieux sac en nylon, avec un tube qui passait par-dessus son épaule et venait devant son visage.

– Ça sert à quoi, ce tube ?

– C'est un sac-gourde, expliqua Chloé fièrement. On me l'a offert pour mon anniversaire. Ça évite d'avoir à sortir à chaque fois une bouteille de son sac. On gagne du temps.

Lisa se dit qu'elle préférerait encore mourir de soif plutôt que d'utiliser ce genre d'invention. Elle lui faisait penser à l'équipement des astronautes.

Chloé sourit :

– C'est astucieux, hein ? Seuls les randonneurs expérimentés s'en servent.

– Évidemment, ironisa Steph. Alors, c'est normal qu'on n'en ait pas, nous !

Max et M. Baker, qui venaient de sortir leurs chevaux de la grange, s'arrêtèrent à côté :

– Dis donc, Chloé, tu es très bien équipée ! la complimenta Max.

La jeune fille sourit, flattée :

– Attendez de me voir au travail pour me féliciter !

Max lui sourit :

– Allons, pas de fausse modestie, tu m'as l'air d'être très douée !

Carole eut un pincement au cœur. Pourtant, Max lui avait déjà dit cela une bonne centaine de fois. « Alors, qu'est-ce que ça peut me faire qu'il complimente Chloé ? se demanda-t-elle. S'il disait cela à Steph ou à Lisa, je serais très contente pour elles ! »

– Tu nous donneras tes tuyaux sur le sentier, poursuivit Max.

– Avec plaisir, vraiment !

Steph s'approcha de Carole.

– De mieux en mieux ! chuchota-t-elle. Voilà qu'il lui donne l'autorisation de se vanter. On aura tout vu !

– Attention, je sais ce qu'elle va dire : « Peu importe la vitesse à laquelle vous allez… »

– Et, surtout, allez à votre rythme, je ne suis pas pressée, dit en effet Chloé.

Phil, qui était en train de tendre une courroie de son bridon, leva la tête. Steph le vit

passer de la stupéfaction à la jubilation.
– C'est incroyable ! s'esclaffa-t-il. Toi alors ! Ce n'est pas la modestie qui t'étouffe !
Un regard de M. Baker le fit taire aussitôt.
– Pardon, marmonna-t-il. Je ne sais pas ce qui m'a pris…
Lisa constata avec soulagement que Chloé semblait amusée. Elle n'appréciait pas beaucoup cette fille, mais elle n'aurait pas voulu non plus qu'elle soit blessée. Quelle mouche avait bien pu piquer Phil ? Habituellement, il était très gentil. « Il doit être mal à l'aise à cause du reproche de M. Baker, alors il fanfaronne », se dit-elle.
Le haut-parleur grésilla. Le speaker annonçait le départ.
– On y va ! fit Max.
Il monta sur Barq et dirigea sa petite troupe vers la ligne de départ, la main levée pour que les cavaliers ne le perdent pas de vue.
Quand ils contournèrent les écuries, Steph n'en crut pas ses yeux. Elle savait qu'il y avait beaucoup de participants, mais le pré

était noir de monde ! Ils étaient bien une centaine, prêts à partir, et Steph constata que la plupart portait la même tenue que Chloé : des bombes couleur fluo en plastique, de curieuses selles avec des éléments d'équipement suspendus dessus. Elle compta une bonne douzaine de sacs-gourdes.

– Regardez, dit Lisa en s'approchant de Carole et de Steph. La majorité des chevaux sont des anglo-arabes.

– Ce ne sont peut-être pas tous des anglo-arabes à cent pour cent, mais en tout cas ils en ont l'allure, approuva Carole.

– Les anglo-arabes sont des chevaux d'endurance, intervint Chloé. Ils peuvent parcourir des centaines de kilomètres dans le désert en buvant très peu. Blanco est un anglo-arabe. Ses parents étaient des champions d'endurance. Ce qui veut dire…

Carole, n'y tenant plus, l'interrompit :

– Max aussi monte un anglo-arabe. Il s'appelle Barq. Son nom veut dire « éclair » en arabe.

– C'est dingue ! s'exclama Chloé. Dans le

nom complet de Blanco, il y a « Barq ». C'est écrit sur ses papiers, je m'en souviens très bien. Oh, c'est trop cool ! Max ! appela-t-elle, nos chevaux sont de la même famille !

Max sourit.

– Trop cool ! s'exclama-t-il.

– Je rêve ! grommela Lisa. C'est bien Max qui vient de prononcer ces mots ? Hé, Steph, tu vas où comme ça ?

– Rejoindre Phil. Désolée, les filles, mais c'est trop pour moi !

– C'est bon, ne t'inquiète pas, la rassura Carole. Si on pouvait déserter, nous aussi, on le ferait !

– Tu n'as qu'à aller toi aussi dans leur équipe…, commença Lisa.

– Oh non, pas question ! Je ne suis pas sûre que chevaucher avec Steph et Phil soit de tout repos. Et puis, je préfère avoir un œil sur Max, je n'ai pas envie que Chloé nous le transforme !

– Phil n'a pas l'air dans son assiette aujourd'hui, observa Lisa.

– Je crois qu'il a négligé sa préparation, dit

Carole. Il pensait que ce n'était pas la peine. Il s'en veut, mais il est trop fier pour l'admettre !

Lisa secoua la tête :

– Je le pense aussi. Comment as-tu deviné ?

– J'ai pensé à Steph. Elle se serait comportée comme lui !

Au signal, l'impressionnante foule de cavaliers se mit en branle.

– Ça y est ! s'exclama Carole. C'est parti !

Diablo battit de la queue et souffla d'impatience. La ligne de départ se trouvait sur un champ immense, et le sentier qui en partait était assez large pour qu'une douzaine de cavaliers se tiennent côte à côte. Plus loin, il devait devenir plus étroit. La plupart des sentiers de randonnée étaient boisés et escarpés.

Lisa chevauchait entre Carole d'un côté, et Chloé et Max de l'autre.

Leurs chevaux avançaient au petit trot, même si Prancer, et plus encore Diablo, tiraient sur les rênes pour prendre la tête. Prancer avait été un cheval de course, et son instinct l'incitait toujours à être la première. Elle essaya d'allonger le pas. Lisa la retint. Bientôt l'immense groupe de cavaliers commença à s'étirer. Certains, poussant leur monture, tentaient de se glisser à l'avant. D'autres, au contraire, forçaient leur monture à se maintenir au pas.

– Vite ! pressa Phil, talonnant légèrement Teddy pour qu'il rejoigne le groupe devant eux. Steph, Monsieur Baker, dépêchez-vous !

Phil souriait d'excitation. Teddy voulait tellement dépasser les autres chevaux qu'il était difficile de le retenir ; cela dit, son cavalier ne faisait rien pour l'en empêcher… Il relâcha même légèrement les rênes, et son cheval allongea le pas.

– Phil, attends-nous ! protesta Steph en riant.

Phil avait trouvé une ouverture dans le groupe de tête, et s'y engouffra. Steph et M. Baker furent bientôt loin derrière lui.

– Arizona meurt d'envie de partir au galop ! s'écria Steph à l'intention de M. Baker.

– Domino aussi ! dit M. Baker.
Il restait bien assis dans sa selle pour retenir son cheval, mais Domino cassa l'allure et prit un petit galop. Plus M. Baker lui demandait de ralentir, plus le cheval accélérait, visiblement résolu à ne pas trotter. Il fallut que son cavalier tire sur les rênes pour qu'il obéisse et se remette au trot. M. Baker lui caressa l'encolure.
Bientôt, ils rejoignirent Phil, qui les attendait un peu plus loin. Il semblait ravi.
– Excusez-nous de vous avoir faussé compagnie, dit-il. Teddy avait très envie de galoper !

Loin derrière, Lisa et Carole tentaient elles aussi de retenir leurs montures. Seuls les chevaux de Max et de Chloé semblaient calmes. Finalement, Carole lâcha ses rênes, et Diablo accéléra.
« Mieux vaut le laisser se détendre d'un coup, se dit Carole. Dans quelques minutes, quand les cavaliers auront fini de nous doubler comme des fous, je reprendrai les rênes… »

– À ta place, je ne le laisserais pas partir, lança une voix que Carole commençait à bien connaître.

Chloé ! Elle n'arrêtait donc jamais ? Carole décida d'ignorer la remarque. Elle savait ce qu'elle faisait !

– Cette rando fait quatre-vingts kilomètres, ne l'oublie pas, continua Chloé. Rien ne se joue dans les dix premières minutes.

– Chloé a raison, approuva Max. Ne laisse pas Diablo s'emballer trop vite, ou tu vas avoir de mauvaises surprises.

Carole tira sur les rênes, rouge écarlate.

– Mais, Max…, commença-t-elle.

– Blanco aussi est fébrile au moment du départ, l'interrompit Chloé. C'est normal, ne t'inquiète pas.

Carole connaissait suffisamment son cheval pour savoir qu'elle n'avait pas à s'inquiéter. Mais elle n'avait pas apprécié que Max la reprenne devant Chloé. Et celle-ci allait-elle continuer longtemps à se comporter en madame-je-sais-tout ? Carole faillit répliquer, puis elle laissa tomber. À quoi bon ?

Max avait décrété que l'experte, c'était Chloé…

Elle se tourna vers Lisa et lui fit une grimace de dépit. Son amie lui renvoya un sourire compréhensif et murmura :

– Le plus dur, dans cette course, ce ne sera pas de parcourir quatre-vingts kilomètres, mais de supporter Chloé !

4

Steph, Phil et M. Baker trottaient côte à côte. Le sentier était encore assez large, mais maintenant il grimpait des collines, s'enfonçant puis émergeant des bois. Les cavaliers avançaient à une allure régulière. On aurait dit qu'Arizona avait fait ça toute sa vie ! Elle était très en forme.

– On a déjà dû faire quinze kilomètres, dit Steph. On avance vite, dis donc !

Phil sourit :

– Ah, tu vois ! Je t'avais bien dit que ce serait de la balade, pour nous !

Il se pencha et flatta l'encolure de Teddy, tout aussi heureux qu'Arizona. « Phil a raison, pensa Steph. La course sera peut-être plus facile que je l'imaginais. »

– Le temps est magnifique ! fit-elle. J'espère seulement qu'on n'aura pas trop chaud.

Le ciel était d'un bleu limpide, et la petite brise rafraîchissait à peine l'air. Steph avait déjà bu une de ses deux canettes de jus de fruit.

– Il reste combien de temps avant la halte vétérinaire ? demanda-t-elle.

– On est à mi-chemin, dit M. Baker en souriant.

Steph lui rendit son sourire. Elle aimait bien M. Baker, même s'il était plus difficile à cerner que Max.

Des marques orange jalonnant le sentier indiquaient la direction à prendre. Mais seuls les cavaliers de tête pouvaient se fier à ces repères. Les autres, trop regroupés pour les voir, se contentaient de suivre le mouvement. Soudain, en sortant du bois, les cavaliers se dispersèrent dans un immense champ, pour emprunter à l'autre extrémité un sentier plus étroit.

– Regarde-moi toute cette place ! s'exclama Phil. Un petit galop, Steph ?

– Non, merci, répondit Steph en secouant la tête. Ça épuiserait les chevaux. Le galop leur demande le double d'énergie !

– Allez, Steph, sois cool ! Tu parles comme Chloé, maintenant ! C'est pour quand, le bridon rose fluo ?

Et, sans attendre la réponse de son amie, il talonna Teddy et partit au galop. Il traversa le pré et attendit que Steph, toujours au trot, le rejoigne.

– Pardon, je n'aurais pas dû me moquer, s'excusa-t-il en voyant sa mine renfrognée. Mais, à t'écouter, on croirait que toi aussi tu veux gagner des points de la division des juniors machin-chose. On est là pour s'amuser, non ?

Steph retint son indignation.

– Tu regretteras vraiment de t'être moqué quand, Arizona et moi, nous franchirons la ligne d'arrivée avant toi !

– C'est ça ! Tu rêves, Stéphanie Lake !

Il repartit au galop. Steph se tourna vers M. Baker :

– Vous devez me trouver ridicule…

– Pas du tout, Steph. Je l'ai déjà dit, Phil ne s'est pas préparé correctement à cette course, et il s'en mordra les doigts.

– Est-ce que vous croyez qu'il fait prendre à Teddy des risques inutiles ? demanda Steph, soudain inquiète, même si elle savait pertinemment que Phil ne mettrait jamais son cheval en péril.

– Non, répondit M. Baker. Sinon, je lui aurais tout simplement interdit de faire cette course. Moi aussi, c'est aussi ma première course ! Alors, ne sachant pas ce à quoi il faut s'attendre, j'estime qu'il vaut mieux y aller doucement. Cette course n'est pas seulement une partie de plaisir, c'est aussi un apprentissage !

Ce discours était digne de Max ! Steph se

sentit rassurée en ce qui les concernait, elle et Phil. Ils étaient entre de bonnes mains ! Arrivés à la hauteur de Phil, ils le virent debout sur ses étriers, en train de scruter le sentier.

– Je crois avoir deviné ce qui nous attend, là, en bas…, dit-il. Une rivière ! On va traverser une rivière !

Lisa et Carole échangèrent un regard entendu, levant les yeux au ciel, pour la centième fois, d'après le calcul de Lisa. Elles trottaient toujours côte à côte entre Max et Chloé, et depuis le départ elles subissaient les remarques de cette dernière. Chloé n'arrêtait pas de leur rapporter les exploits stupéfiants de Blanco. Pourtant, Lisa trouvait son cheval on ne peut plus ordinaire, et elle ne croyait pas la moitié de ce que Chloé leur racontait. « Ben voyons, un cheval unique, extraordinaire ! railla-t-elle en silence. Et puis, Blanco, quel nom ridicule ! »

– Je parie que Blanco pourrait faire la course sans elle ! souffla-t-elle à voix basse à Carole. Il est si génial ! Suffit de lui demander, et hop, il le fait !

Carole s'esclaffa :

– Et à l'arrivée, on lui tire sa révérence, et il s'occupe lui-même de se sécher, de se nourrir, d'ouvrir la porte de son box. Et le tour est joué !

– Tu oublies quelque chose, renchérit Lisa. C'est lui qui conduit le van aussi, et ramène tout le monde à la maison ! Et si on le pousse un peu, il prépare le dîner et fait la vaisselle !

– Ce Blanco est formidable ! lâcha Lisa à voix haute.

– Pardon ? fit Chloé en se retournant sur sa selle.

– Euh... hum... on admirait ton cheval... et on se disait qu'avec un arrière-train comme ça il pouvait grimper facilement les collines...

– Oui, il est bâti pour les courses d'endurance ! Ça se voit, n'est-ce pas ? Sa grand-mère n'est autre que la sœur de la grand-mère de Rio ! affirma Chloé.

Lisa n'avait pas la moindre idée de qui était

Rio, mais elle avait sauvé la mise ! Elle fut rassurée en avisant les mines déconfites de Carole et de Max. Visiblement, eux aussi ignoraient qui était Rio.

– Alors là, on ne te suit plus, dit Max poliment. Qui est ce… Rio ?

– Vous n'êtes pas des habitués des courses d'endurance, vous ne pouvez pas savoir… Rio est le surnom de R.O. Grand Sultan, annonça Chloé d'un air très fier.

Max haussa les sourcils, comme s'il était très impressionné.

– Ah oui ! En effet…

– Et qui est R.O. Grand Sultan ? demanda Lisa, agacée de n'y rien comprendre. Tu sais, nous sommes de parfaites débutantes en matière de courses d'endurance…

– Désolée, j'étais persuadée que tout le monde le connaissait, répondit Chloé, imperturbable.

– Eh bien, pas nous, fit sèchement Carole.

– C'est un des plus célèbres chevaux d'endurance de tous les temps. Il a remporté tous les championnats.

Chloé ralentit l'allure de Blanco et vint se faufiler entre Lisa et Carole.
– Ah bon ? dit Carole. Mais ça veut dire quoi ? Que ton cheval est le cousin par alliance de la troisième génération, ou un truc du genre ? Je ne comprends rien à la généalogie. Et puis, à mon avis, ce qui est important, ce n'est pas l'ascendance du cheval, et tout le tralala. Non, c'est ce que peut faire un cheval, tout simplement !
Elle lança un regard à Max. Celui-ci se tourna légèrement sur sa selle, et cligna de l'œil. Carole se sentit mieux. Il n'était peut-être pas si impressionné que ça ; de toute façon, c'était lui qui leur tenait régulièrement ce discours sur la généalogie.
– Tu as raison, rétorqua Chloé. Mais la lignée du cheval peut compter, elle aussi. Si tu décides de dresser deux chevaux au saut d'obstacle, celui dont les parents sont d'excellents sauteurs a plus de chances de réussir que celui dont les parents n'ont jamais su franchir un auxerre de trente centimètres !
– C'est vrai, admit Carole à contrecœur.

– L'histoire familiale de Blanco, ça m'aide quand je l'entraîne pour les courses d'endurance. Je sais qu'il a ça dans le sang. Ça l'aide, lui aussi. Et Diablo ? Quelles sont ses origines ?
Carole caressa l'encolure de son cheval.
– Il est en partie pur-sang, et en partie quarter horse. Pour le reste, je n'ai aucune idée. Il est intelligent, et il met du cœur dans tout ce qu'il fait. Il saute merveilleusement bien. Pour rien au monde je ne voudrais m'en séparer !
– Il a l'air robuste, dit Chloé et en même temps il n'est pas lourd. Il a peut-être du sang arabe, qui sait ?
Carole lâcha un soupir et hocha la tête. Depuis qu'elle avait Diablo, elle en avait entendu de toutes les couleurs : on lui disait qu'il était un pur-sang, ou un quarter horse, ou encore andalou, frison, ou simplement cheval de selle… Comme si ça comptait énormément !
– Et ta jument ? demanda Chloé en se tournant vers Lisa. Elle n'a rien de l'arabe, ça, c'est sûr.

– C’est un pur-sang, répondit Lisa, sur la défensive. C’était une trotteuse. Elle était sur le point de devenir excellente aux courses, quand elle s’est blessée…
– C’est moche ! commenta Chloé.
– Oui, ça nous a drôlement secoués… On la connaissait déjà à ce moment-là… On n’a pas pu la monter pendant un certain temps, mais maintenant, elle a presque tout récupéré…
Lisa se souvenait très bien de cet horrible jour où le Club du Grand Galop avait vu Prancer trébucher, et s’effondrer au beau milieu du champ de courses…
– Mais pourquoi tu lui imposes cette course d’endurance ? C’est un pur-sang, elle n’est pas faite pour ça ! Pourquoi n’as-tu pas choisi un cheval comme Barq ?
– Je n’ai pas choisi un cheval comme Barq parce que Prancer est formidable ! Et pourquoi est-ce gênant qu’elle soit un pur-sang ?
Chloé haussa les épaules :
– Parfois, les pur-sang ne tiennent pas la distance.

– Prancer a très bien supporté l'entraînement, intervint Max.
Lisa lui lança un regard reconnaissant. De toute façon, Max n'aurait jamais fait faire la course à Prancer s'il avait douté de ses capacités. Lisa non plus, d'ailleurs. Mais Chloé avait réussi à semer le doute dans son esprit : et si cette randonnée était longue pour Prancer ? Elle talonna sa jument et vint se mettre à côté de Max. Elle commençait à en avoir par-dessus la tête de Chloé !
Ils sortirent du bois et traversèrent un immense pré. Devant eux il y avait des groupes de cavaliers, et derrière eux il y en avait autant, si ce n'est plus. C'était impressionnant de voir tous ces gens participer à la compétition. Dans les concours d'obstacle, les parcours s'effectuaient toujours à intervalles, et chacun considérait l'autre comme un concurrent.
– À ton avis, cette rangée d'arbres indique une rivière ? demanda Lisa à Max.
– C'est bien possible... On dirait qu'ils longent une berge... Ça doit correspondre à la rivière que j'ai vue sur la carte.

Lisa se sentit tout excitée. Elle avait déjà traversé de petits cours d'eau, mais une rivière, jamais !

– C'est la rivière, Max ? demanda à son tour Chloé d'un ton incertain.

– Ne t'inquiète pas. Elle n'est pas profonde, et ils ont dû aménager un passage.

– Je ne m'inquiète pas ! rétorqua Chloé, irritée. C'est juste que Blanco déteste traverser les rivières. À chaque fois, c'est toute une histoire !

Lisa ne put s'empêcher de sourire. Alors, comme ça, Blanco n'était pas parfait ?

Et, en effet, une fois au bord de la rivière, Blanco refusa d'avancer. Chloé le talonna, calmement mais fermement. Il renifla avec bruit et frémit, tout en essayant de s'esquiver.

– Peut-être que tu devrais descendre et traverser à pied, suggéra Carole.

– Non, l'eau est trop profonde, dit Max. Prends ton temps, Chloé. On n'est pas pressés.

– Ça peut durer des heures…, s'exclama

Chloé avec un soupir d'exaspération. Exactement ce que je craignais !
Il y avait longtemps de cela, Prancer aussi avait eu peur de l'eau. Mais elle avait réussi à maîtriser son appréhension, en partie grâce à Lisa. Elle regardait à présent la rivière, l'air intéressé.
Soudain, Lisa eut une idée.
– Chloé, tu vas me suivre, dit-elle, et Carole se mettra juste derrière toi.
Lisa savait par expérience que, parfois, les chevaux se comportent différemment lorsqu'ils sont en groupe. Prancer plongea ses sabots avec assurance dans les remous et se mit à traverser la rivière. À deux mètres de la berge opposée, Lisa se retourna et adressa un sourire triomphant à Chloé. Au moins, elle verrait que les pur-sang pouvaient servir à quelque chose !
Au même instant, Prancer trébucha. La berge était glissante, et pendant quelques secondes, son sabot resta enfoncé dans la boue. Puis elle se dégagea et retrouva son équilibre. Lisa, prise de court, avait eu juste

le temps de se rattraper à son encolure. Prancer avança de quelques pas, et Lisa s'aperçut qu'elle boitait.

– Oh, non ! s'exclama Lisa.

Elle devina aussitôt ce qui s'était passé. Elle sauta dans la boue et souleva le pied de Prancer. Elle ne vit rien d'alarmant, si ce n'est que le fer avait disparu, retenu par la boue dans laquelle son pied s'était enfoncé.

– Elle a perdu un fer ? demanda Max.

– Oui ! Je l'ai ! s'exclama Lisa en le brandissant.

Les clous étaient encore dedans. « Ça ne sert à rien ! se dit Lisa, catastrophée. Seul un maréchal-ferrant pourrait le remettre en place ! »

Max sembla contrarié.

– Nous sommes à mi-chemin de la halte vétérinaire. Le mieux est de continuer. Il y aura certainement un maréchal-ferrant là-bas.

Chloé sauta de cheval et tendit ses rênes à Max.

– Laisse-moi regarder, dit-elle à Lisa.

Lisa recula, et Chloé saisit le pied de Prancer.

– Le fer est parti très proprement, il n'a pas abîmé le sabot…
– J'ai vu, dit Lisa. Mais Prancer a les pieds fragiles, et…
Chloé sourit en reposant le pied de la jument :
– Quel pur-sang n'a pas les pieds fragiles ? C'est un vrai problème pour les courses d'endurance.
Lisa grinça des dents. Elle aurait voulu étrangler Chloé !
– Tu as de la chance, poursuivit cette dernière, Prancer a des pieds larges et bien formés. Ne bouge pas, j'ai quelque chose qui fera l'affaire.
Elle se dirigea d'un pas décidé vers Blanco. Lisa lança un regard sceptique à Carole. Elle doutait fortement que Chloé trouve dans ses affaires un fer tout neuf, de la taille exacte du sabot de Prancer.
– Aha ! s'exclama Max en voyant Chloé extirper d'une de ses sacoches un drôle d'objet en caoutchouc noir.
– Qu'est-ce que c'est ? demanda Carole.

– Une cloche, répondit Chloé.

Les yeux ronds, Lisa la regardait enfiler cette chose sur le sabot de Prancer et l'attacher en le serrant bien.

– Ça l'aidera à tenir jusqu'à la halte vétérinaire, affirma Chloé en se relevant.

– Merci…, murmura Lisa.

Elle n'avait jamais entendu parler de cloche, mais elle était bien obligée d'admettre qu'elle devait une fière chandelle à Chloé. Sans elle, elle n'aurait pas pu continuer ! Pour l'instant, Prancer avait le sabot protégé, et à la prochaine halte un vétérinaire s'occuperait d'elle.

Pourtant, devoir être reconnaissante envers Chloé ne lui plaisait pas beaucoup.

5

Apercevant les drapeaux de la halte vétérinaire juste devant eux, Steph soupira de soulagement.

– On est arrivés, Arizona, murmura-t-elle à sa jument. Tu vas avoir de l'eau fraîche, une douche et de l'avoine !

– Waouh !

Phil laissa échapper un rire, à moitié de soulagement, à moitié d'exaspération.

– Tu sais quoi, Steph ? Je suis affamé !

Rien que le mot avoine me fait saliver !

– De l'avoine en grains ou en ballot ? demanda Steph.

– Ce qu'ils ont, ça m'ira très bien !

Steph rit et M. Baker ne put réprimer un sourire.

– Pour moi, ce sera une citerne d'eau. Bien fraîche, ajouta-t-il.

Steph renchérit :

– Et pour moi, des vêtements secs !

Ils suaient tous à grosses gouttes ; leurs cheveux aussi étaient trempés. Steph comprenait maintenant pourquoi la bombe de Chloé avait de curieux trous sur les côtés : pour laisser passer l'air, tout simplement !

– Mme Reg et Deborah ont promis d'apporter des jus de fruit frais, de l'eau et des sandwiches.

Steph était trop fière pour l'avouer, mais elle se sentait épuisée. Elle se contentait de se soulever et de se rasseoir dans la selle au rythme de son cheval, qui avançait au trot enlevé. Habituellement, Steph trottait de cette manière aussi naturellement qu'elle respirait. Mais là, la fatigue lui faisait prendre conscience d'une série de difficultés qu'elle n'avait jamais imaginées auparavant. Ses genoux étaient raides et ses chevilles endolories.

– Prenons le pas, proposa-t-elle. On est presque arrivés. Laissons les chevaux se détendre et souffler un peu avant la pause.

Elle savait que les vétérinaires pouvaient ne pas autoriser les chevaux à poursuivre la course. « Autant les ménager dès maintenant », se dit-elle.

– OK ! acquiesça Phil, visiblement soulagé, en se rasseyant dans la selle.

Steph voyait les flancs de Teddy se gonfler et se comprimer violemment, ce qui indiquait qu'il était fatigué, tout comme Arizona et Domino.

Une file de chevaux attendait devant le poste des vétérinaires. Steph mit pied à terre et caressa l'encolure de sa jument. Elle était aussi trempée qu'elle.

– Hé ! Salut, Steph !

Trois fillettes l'entourèrent.

– Salut, les filles !

May, Jasmine et Corey étaient trois jeunes cavalières du Pin creux, qui faisaient du poney.

– On est venues vous donner un coup de main avec Mme Reg et Deborah !

– Génial ! s'exclama Steph. Vous avez apporté de l'eau ? On va commencer par rafraîchir Arizona.

Steph passa une éponge imbibée d'eau sur les flancs et l'encolure de sa monture, puis les fillettes s'occupèrent des jambes et des épaules de la jument. Tous les cavaliers avaient donné rendez-vous à des équipiers à la halte vétérinaire. Steph aperçut Mme Baker, venue soutenir son mari, et les amis de Phil, A.J. et Bart, qui s'affairaient autour de Teddy.

Steph se jeta sur la canette de jus de fruit offerte par Mme Reg.

– Où sont Max et les filles ? demanda Deborah, surprise, en déposant un ballot de paille devant Arizona. Je croyais que tu fai-

sais la rando avec eux.
– Nous aussi, on pensait que tu serais avec Carole et Max, dit May. On avait l'intention de s'occuper de vous tous en même temps !
Et elle pointa du doigt six seaux pleins d'eau. Sans entrer dans les détails, Steph leur expliqua qu'elle avait eu envie d'être avec Phil. Elle évita de leur parler de Chloé ; elle ne voulait pas paraître désagréable, et puis ce n'était plus son problème. Elle regrettait seulement que cette fille soit venue gâcher leur journée.
Le vétérinaire vint examiner Arizona. Il l'ausculta, la fit trotter, grimper un monticule puis en redescendre, et il l'ausculta de nouveau.
– C'est bon, dit-il une fois l'examen terminé. Vous pouvez continuer. Bonne chance !
Steph sourit. Elle n'avait jamais douté de la forme d'Arizona, mais elle était tout de même heureuse d'entendre que tout allait bien.
– Bravo, Steph ! dit Mme Reg. Je vois que

tu appliques le dicton : « Qui veut voyager loin ménage sa monture ! »

Steph n'en croyait pas ses oreilles : Mme Reg venait de lui faire un compliment !

Elle assista à l'examen de Domino, puis de Teddy. Tout en auscultant ce dernier, après l'avoir fait grimper et descendre le monticule, le vétérinaire fronça les sourcils. Il recommença, parla brièvement à Phil, puis se dirigea vers un autre cheval.

Phil était livide. Il prit les rênes de Teddy et s'avança vers Steph.

– C'est bon, Steph, on peut dire que tu as gagné ! Plus question de presser Teddy, le vétérinaire dit qu'il n'a pas encore retrouvé son rythme cardiaque normal.

– Oh, non ! s'exclama Steph. Je suis désolée, Phil.

– C'est ma faute, répondit-il, l'air malheureux. J'aurais dû t'écouter, tu m'avais bien prévenu !

Steph secoua la tête. Elle était inquiète au sujet de Teddy.

– Tu continues quand même ?
Phil se tourna vers M. Baker :
– Qu'en pensez-vous ?
– Et toi, qu'en penses-tu, Phil ?
Phil prit une profonde inspiration.
– Si Teddy était vraiment en danger, le vétérinaire ne m'aurait pas autorisé à poursuivre la course. Je pense qu'il peut aller jusqu'au bout. Mais à la condition que je sois très prudent, et que je ne le force pas à faire des exploits.
– Ça me paraît raisonnable, dit Steph.
– À moi aussi, intervint M. Baker. Je constate que ça te sert de leçon, Phil…
– Mouais… Il m'aura quand même fallu trente-trois kilomètres pour l'apprendre, ma leçon, maugréa-t-il. Je donne à boire à Teddy, et on y va.
Au même instant, Mme Reg vint offrir des boissons et des sandwiches aux cavaliers. Puis chacun salua son équipe en lui donnant rendez-vous à la halte suivante.
– Les voilà ! s'exclama alors May.
Steph se tourna sur sa selle.

– Lisa ! Carole ! s'écria-t-elle. Bonne chance !

– Hé! Regarde, Carole, c'est Steph ! Zut alors, ils repartent déjà ! On ne pourra même pas discuter avec elle. Ils ont une bonne demi-heure d'avance sur nous !

– Ils sont dans le peloton de tête, avec ceux qui veulent gagner. À mon avis, ils vont beaucoup trop vite, remarqua Chloé.

Carole se mordit la lèvre.

– Steph est une excellente cavalière, lâcha-t-elle.

– Je n'en doute pas une seconde, répondit Chloé, très détendue. Vous êtes certainement toutes d'excellentes cavalières en manège.

Lisa se dépêcha d'intervenir pour faire diversion :

– Tiens ! May, Jasmine et Corey sont là !

– Quoi ? Ces gamines font partie de votre équipe ? ironisa Chloé.

– Ces gamines, répondit Carole d'un ton cassant, sont formidables et drôlement serviables. Elles en savent des tonnes sur les chevaux. En manège et au-dehors.

« Et toc ! » jubila Lisa.

Chloé ne se laissa pas démonter :

– On a toujours besoin de petites mains sur une randonnée !

– Ces « petites mains », comme tu dis, seront plus tard d'excellentes cavalières ! lança Max très sèchement.

C'étaient ses premiers mots depuis les dix derniers kilomètres. Carole lança un regard à son moniteur. Était-il en train de craquer, lui aussi ?

– Et ton équipe à toi, Chloé ? demanda-t-elle. Qui est venu t'aider ?

– Mes parents. D'habitude, c'est ma mère qui s'occupe de nous. Elle est incollable sur les courses d'endurance.

– Bien sûr, dit Carole, faisant appel à tout ce qui lui restait de politesse. Et je suis certaine qu'elle t'a appris tout ce que tu sais aujourd'hui.

Chloé éclata de rire.

– Oh non ! Pas du tout ! C'est moi qui lui ai tout appris. Ou, plus exactement, mon père et moi. Ma mère ne monte pas à cheval.

Bientôt, chacun fut entouré de son équipe. Lisa demanda au maréchal-ferrant de remettre un fer sur le sabot de Prancer.
Elle expliqua ensuite à Jasmine ce qu'était une cloche. La jeune cavalière lança un regard admiratif à Chloé.
– Grâce à elle, tu as pu continuer la course ! s'exclama-t-elle. C'est super !
– Oui, répondit brièvement Lisa.
– Ça doit être génial de chevaucher avec une experte comme Chloé ! poursuivit Jasmine.
– Ah oui ! C'est super génial ! répondit Lisa d'un ton sarcastique. Du coup, pour Carole et moi, c'est une vraie course d'endurance…
Au même instant, Carole les rejoignit avec Diablo.
– C'est bon, on a passé l'examen ! fit-elle, triomphante.
Puis, en voyant la mine déconfite de Lisa, elle ajouta :
– Courage, Lisa ! Plus que quarante-sept kilomètres, Lisa.

Lisa acquiesça. Elle savait ce que voulait dire Carole : plus que quarante-sept kilomètres à supporter Chloé !

6

– Je ne pensais pas qu'il ferait aussi chaud aujourd'hui ! s'exclama Carole en essuyant son front trempé de sueur.

– Il ne fait pas si chaud que ça, observa Max. Il y a surtout beaucoup d'humidité.

Carole haussa les épaules. Voilà bien une réponse d'adulte : une chaleur étouffante était une chaleur étouffante ; pourquoi parler d'humidité ?

Mais la vérité, c'était que le sentier était devenu escarpé, plus difficile par endroits. Les cavaliers escaladaient le flanc rocailleux d'une colline. Carole devait faire appel à tous ses muscles pour se tenir en selle, tout en gardant continuellement un œil sur le chemin. Il ne fallait pas que Diablo se torde le pied en glissant malencontreusement !

Elle s'arrêta un moment sur une zone herbeuse et ôta son pull. La brise qui effleura ses bras la rafraîchit, et aussitôt elle se sentit mieux. Elle regarda où Chloé avait mis son pull, et soupira. Bien entendu, l'experte avait un sweat-shirt léger, et elle l'avait rangé dans une des sacoches accrochées à sa selle. Carole noua les manches de son pull autour de sa taille. Ce n'était pas très confortable, mais ça valait toujours mieux que de le porter sur elle.

– Et zut !

Carole se retourna. Lisa tentait désespérément de faire passer son pull par-dessus sa bombe.

– Tu es coincée ? Tu veux un chausse-pied ? plaisanta Carole.
– Ne te moque pas de moi ! siffla son amie. Ma mère me l'a offert hier, et c'est la première fois que je le mets ! Le col est trop petit, ma bombe ne passe pas !
– Les pulls ne sont pas très recommandés pour les courses d'endurance, intervint Chloé.
– Pardon, Madame-je-sais-tout ! répondit Lisa du tac au tac. Je ne pouvais pas le savoir !
Chloé sembla un peu blessée par la repartie de Lisa. C'était la première fois que Carole et Lisa voyaient leur compagne prendre la mouche. « Peut-être ne se rend-elle pas compte qu'elle est insupportable... », songea Carole.
– Lisa, intervint Max, fais attention à ce que tu fais : descends de cheval, retire ta bombe, puis ton pull. Si Prancer prend peur, tu risques un accident.
– Désolée, Max.
Lisa glissa à terre et fit ce que lui conseillait leur moniteur.

Après avoir noué les manches du pull autour de sa taille, elle remonta à cheval, et la troupe se remit en route. Le sentier devenait de plus en plus raide, au grand désespoir de Lisa.

– Je ne comprends pas pourquoi les organisateurs estiment que cette rando est sans danger, remarqua-t-elle.

– C'est vrai que le sentier est mauvais, reconnut Chloé. Mais je ne pense pas qu'il soit dangereux. Blanco a des guêtres. Vous n'en avez pas mis à vos chevaux ?

– Non, répondit Max. Nous avons rarement l'occasion d'en utiliser.

– Je vois... Alors soyez prudents. À mon avis, une fois le sommet passé, le chemin devrait être meilleur.

Chloé leur adressa un sourire encourageant. Carole était écœurée : cette fille avait décidément réponse à tout. C'était exaspérant !

– Ne t'inquiète pas pour Prancer, Lisa, dit Max. Chloé a raison : dans quelques mètres, le sentier sera meilleur, tu verras.

En effet, un peu plus loin, l'herbe remplaça

les rochers, et le sentier fut de nouveau aisément praticable. Lisa soupira de soulagement. Prancer s'en sortait merveilleusement bien.

– C'est bon, on peut trotter, proposa Chloé.

– Trotter ? répéta Lisa dans un souffle.

Elle trouvait déjà fatigant le simple fait d'avancer au pas tant ses muscles étaient endoloris. Elle se sentait fourbue, et elle avait si chaud avec ses bottes que ses pieds glissaient dedans. Elle regarda avec envie les espadrilles de Chloé.

Pour Carole et Lisa, monter à cheval avec des espadrilles semblait complètement farfelu. D'autant qu'elles connaissaient les consignes de Max : dans ses cours, chaque cavalier devait porter des chaussures montantes avec un petit talon, de façon à avoir le pied maintenu dans l'étrier, et la cheville immobilisée, pour éviter que le pied se torde, et être protégé en cas de chute. Mais les espadrilles de Chloé avaient tout cela : des talons, et en plus elles maintenaient la cheville. C'étaient tout simplement des espadrilles spéciales pour randonnées équestres. Lisa se mit à compter combien de temps il restait avant son anniversaire. Elle pourrait peut-être s'en faire offrir ? Pour l'instant, sa cheville droite la faisait atrocement souffrir. Mais pas question de s'avouer vaincue devant Chloé ! Elle talonna Prancer, qui prit un petit trot alerte.

Carole, elle, regrettait de ne pas porter de bottes, comme Lisa. Les étrivières en cuir lui blessaient les mollets, et elle se surprit à rêver d'espadrilles comme celles de Chloé pour Noël.

Max laissa échapper un grognement. Carole lui jeta un coup d'œil. Toutes les trois ou quatre foulées, il restait en suspension sur la selle.

– Ça va ? lui demanda Carole.

– Hum... C'est cette selle. C'est celle qu'on utilise pour les reprises avec Barq. Elle est un peu plus petite que la mienne. J'ai pensé que c'était sans importance. Erreur fatale !

– Aïe ! compatit Carole. Ça ira quand même ?
– On verra bien, fit Max dans une grimace.
Chloé s'était arrêtée au sommet d'une colline. Les autres cavaliers la rejoignirent.
– Ah, enfin la descente ! s'exclama Lisa.
– Tu parles d'une descente ! dit Carole. Tu as vu ça ? C'est drôlement raide !
Lisa se pencha un peu sur sa selle.
– Oh, Max ! On n'y arrivera jamais ! se lamenta-t-elle.
– Mais si, on y arrivera ! Regardez, là, juste à gauche, la marque orange ! Le sentier bifurque au lieu de descendre à pic. Détendez les rênes au maximum, et faites confiance à votre cheval. Lui saura où il faut mettre les pieds.
– Comme ça, dit Chloé en engageant Blanco dans le sentier.
Elle s'assit bien au fond de la selle et laissa courir les rênes entre ses doigts. Blanco prit appui sur ses sabots avant, et laissa glisser ses jambes arrière, puis il se redressa doucement, et répéta la même opération.
– À ton tour, Lisa, proposa Max. Fais

confiance à Prancer, et tout ira bien.

Lisa se pencha en arrière, laissa sa jument glisser, et se retrouva bientôt à côté de Chloé, indemne.

– Bravo ! dit-elle à Prancer en caressant son encolure.

– Bravo à toi ! remarqua Chloé. Surtout si c'est ta première glissade.

– Merci, murmura Lisa.

Elle se mordit la lèvre. Pourquoi fallait-il toujours que Chloé sache tout sur tout ? Max et Carole descendirent à leur tour sans problème, et le petit groupe repartit.

Steph et Phil avaient depuis un bon moment grimpé la côte rocailleuse et glissé de l'autre côté. Maintenant ils trottaient paisiblement l'un à côté de l'autre. Depuis la première halte, Steph profitait pleinement de la randonnée. M. Baker se révélait un personnage drôle et sympathique, et Phil avait renoncé à faire la course à tout prix.

Ils plaisantaient tout en chevauchant tranquillement dans un sous-bois frais, quand

Steph s'inquiéta soudain :

– Comment se fait-il qu'il n'y ait plus de cavaliers devant nous ? Je sais bien qu'on a ralenti le pas, mais il n'y a personne non plus derrière nous…

– J'étais justement en train de me poser la question, répondit M. Baker. Avez-vous aperçu une marque orange, récemment ?

Phil réfléchit :

– Une marque orange ? Non…

– Ce n'est pas normal. Ça fait un moment qu'on n'a pas vu de cavalier, et on devrait bientôt arriver à la deuxième halte vétérinaire.

Tout en avançant, ils scrutaient le sous-bois autour d'eux, à la recherche d'un repère. Normalement, sur les sentiers de randonnée, tous les deux cents mètres environ, une marque orange indiquait le chemin à suivre. Mais, comme Chloé le leur avait expliqué, il n'était pas évident de baliser un parcours de quatre-vingts kilomètres. Le sentier était indiqué uniquement quand il était difficile à cerner, ou quand il fallait tourner.

– Vous croyez qu'on s'est perdus ? souffla

Steph.
– C'est possible, répondit M. Baker. Cela dit, j'ai déjà entendu parler de marques qui avaient été effacées par des randonneurs désireux de tromper les concurrents. On va avancer encore un peu. Ce chemin me semble trop net pour ne pas être le bon.
Soudain, Phil montra quelque chose du doigt :
– Regardez !
Un morceau de tissu rose flottait, accroché à une branche.
– Ce n'est pas la bonne couleur, grimaça Steph. Tu es daltonien ou quoi ?
– Peut-être qu'ils étaient à court d'orange, objecta Phil, vexé.
– Et elle n'est pas non plus du bon côté du chemin. Toutes les marques sont censées être à droite !
Steph se tourna vers M. Baker :
– Alors, on s'est trompés de direction…
– Ne vous affolez pas. Ce chemin va bien nous mener quelque part…

– C'est pas vrai ! s'exclama à cet instant Phil, à quelques mètres devant eux. Venez voir !
Ils le rejoignirent, et M. Baker descendit de cheval. Le chemin s'arrêtait pile devant une paroi rocheuse.
– C'est un rocher d'escalade, dit-il. On voit la trace des pitons…
– On est perdus ! se lamenta Steph.
– Non, on n'est pas perdus, la rassura M. Baker. Il suffit de faire demi-tour et de retrouver les marques orange.
Il remonta en selle, et tous trois refirent le chemin en sens inverse. Bientôt, ils tombèrent sur une marque orange. Ce fut Steph qui la vit, indiquant l'endroit où ils auraient dû tourner dans un sentier étroit.
– Comment est-ce qu'on a pu rater ça ?
Elle le savait très bien : ils plaisantaient tellement qu'ils en avaient oublié d'être attentifs.
– Nous avons manqué de vigilance, dit M. Baker. Mais nous voilà de nouveau sur le bon chemin.
Steph s'engagea sur le sentier quand elle entendit Phil lancer une exclamation de sur-

prise. Elle fit aussitôt faire demi-tour à Arizona.

– Steph ! s'écria Phil, paniqué. Teddy a un problème !

7

– Il a l'air OK, dit Steph. Pourquoi tu paniques ?

– Il bouge bizarrement. Regarde-le ! Son arrière-train n'est pas droit.

– On dirait qu'il boite un peu. Ça ne doit pas être bien grave !

M. Baker mit pied à terre.

– Il a certainement des crampes, expliqua-t-il. Tout comme un marathonien. Il transpire énormément, il a dû perdre beaucoup de sel.

On va vérifier s'il n'est pas complètement déshydraté.
Steph descendit de cheval à son tour et attrapa les rênes de Domino pendant que M. Baker examinait Teddy.
– Il ne va pas trop mal, dit-il enfin, mais il a besoin d'eau et de sel. On va rejoindre la seconde halte vétérinaire au plus vite.
– Je n'ai pas su prendre soin de lui ! se désola Phil. Si seulement je l'avais mieux préparé, et si on ne s'était pas perdus…
– Ça ne sert à rien de se lamenter, Phil, fit sèchement M. Baker. Ça ne changera pas les choses.
Phil remonta les étriers et desserra la sangle. Steph comprit qu'il poursuivrait la course à pied pour ne pas fatiguer son cheval.
« C'est notre faute ! se dit-elle. Si on n'avait pas passé notre temps à se raconter des blagues, on aurait fait plus attention et, à l'heure qu'il est, on serait déjà à la halte véto, et Teddy ne souffrirait pas… »
En reprenant le chemin, ils entendirent des chevaux trotter derrière eux. Ils poussèrent

un soupir de soulagement. Steph se retourna et aperçut une femme, habillée comme Chloé, chevauchant un anglo-arabe. Elle sembla surprise de voir Phil mener Teddy par les rênes.

– Vous avez un problème ? Je peux vous aider ? proposa-t-elle.

M. Baker lui exposa brièvement la situation. Elle ouvrit une sacoche accrochée à la selle de son cheval et en sortit une bouteille d'eau. Elle la secoua et versa son contenu dans la bouche de Teddy.

– Voilà, c'est bien... C'est de l'eau salée, expliqua-t-elle. Ne vous faites pas de souci, on est à moins de deux kilomètres de la halte. J'ai déjà fait cette rando trois fois. Vous voulez que je reste avec vous ?

– Non, merci, ça ira. Je pense que nous pourrons nous débrouiller, dit M. Baker.

– Merci de tout cœur ! ajouta Phil tandis qu'elle s'éloignait.

Lisa arriva à la seconde halte véto avec une seule idée en tête : boire de l'eau bien fraîche. Elle avait une canette de soda au fond de son sac, qui lui avait tapé dans le dos tout au long du chemin, mais, à cause de Chloé et de ses remarques continuelles, elle n'avait pas osé s'arrêter. Elle mourait de soif. Au loin, elle aperçut un trio de choc.

– Lisa ! s'écrièrent May, Jasmine et Corey en entourant la cavalière.

Elles prirent les rênes de Prancer, et Lisa mit pied à terre. Deborah discutait avec Max, et Mme Reg était en train d'aider Carole. Les parents de Chloé se tenaient à côté d'elle.

– Merci ! murmura Lisa. Excusez-moi, j'ai un truc à faire !

Elle ouvrit son sac et prit sa canette de soda. Elle n'était pas très fraîche, mais tant pis, elle avait trop soif. À peine l'avait-elle ouverte que le liquide gazeux, secoué par les kilomètres de trot, fusa comme la lave d'un volcan en éruption. Lisa eut juste le temps d'écarter la boîte. Le soda éclaboussa Prancer, Mme Reg et deux autres cavaliers. Seule la jument sembla se réjouir de cette douche inespérée. Les autres

poussèrent des cris d'indignation.
Chloé se tourna vers Lisa.
– En règle générale, les boissons gazeuses sont déconseillées en rando.
Lisa serra les dents, sentant la colère monter en elle. Elle leva le bras, et lança le reste du soda dans la figure de Chloé.
Chloé sursauta de surprise. Puis, au grand étonnement de Lisa, elle se mit à rire. Alors Lisa éclata de rire, elle aussi.
– Excuse-moi, c'est parti tout seul ! prétendit-elle.
– J'aurais préféré du coca ! s'esclaffa Chloé, en s'épongeant le visage avec un mouchoir en papier.
– Tu en as aussi sur ton T-shirt, fit Lisa, honteuse. J'espère que ça partira au lavage…
Chloé retrouva son sérieux :
– Mais pourquoi ne m'as-tu pas dit que tu avais soif ? Tu aurais pu boire dans ma gourde !
– En fait, je n'avais pas très soif, mentit Lisa.

Comment lui avouer que, pour rien au monde, elle ne voulait lui demander quoi que ce soit ? Pourtant, à cet instant, Lisa trouvait Chloé sympathique. Certes, elle était agaçante, avec sa façon de montrer qu'elle en savait plus que les autres. Mais c'était peut-être de la maladresse ? Au fond, elle était peut-être généreuse et gentille, même si ses conseils les rendaient parfois dingues... En tout cas, elle avait de l'humour !

Lisa retourna s'occuper de Prancer. Elle se sentait mieux maintenant. Carole revint de l'examen vétérinaire.

– Diablo est OK, annonça-t-elle fièrement. Mais j'ai regardé la liste des participants : Steph, Phil et M. Baker ne sont pas encore arrivés.

– Mais... on aurait dû les rencontrer sur le sentier...

Elles échangèrent un regard inquiet et coururent prévenir Max. Celui-ci se rendit auprès des organisateurs, et elles le virent rassembler son matériel, prêt à refaire le trajet en sens inverse pour retrouver les cavaliers,

quand soudain une jument de couleur baie entra dans la zone de la halte vétérinaire.
– Carole, Max ! Ils arrivent ! s'écria Lisa.

Teddy avait récupéré ses forces grâce aux soins de la cavalière rencontrée en chemin. Phil s'occupait de lui, mélangeant du sel dans un seau d'eau. M. Baker et Steph avaient fait passer l'examen vétérinaire à leurs chevaux, mais Phil s'était déclaré hors course.
– Tu as gagné, dit-il à Steph d'un ton morne. Moi, j'abandonne. Ça me servira de leçon.
M. Baker semblait se faire plus de souci pour Phil que pour Teddy. Et il paraissait exténué.
– Je reste avec toi, Phil. Et puis, je dois avouer que je ne me sens pas le courage de continuer !
– Je te croyais plus résistant que ça, Sam ! lança amicalement Max.
– Tu as l'avantage de l'âge, Max ! N'oublie pas que tu es beaucoup plus jeune que moi !

– Max, je peux finir la rando avec toi ? demanda Steph.
– Pas de problème, Steph. On va attendre un peu, le temps qu'Arizona récupère.
– Oui, on n'est pas pressés, confirma Chloé. Il est treize heures trente, il ne nous reste plus que trente-trois kilomètres.
Steph fit un clin d'œil à Lisa et Carole. « La première partie de la randonnée n'a pas dû être facile pour elles », songea-t-elle.
Phil vint leur dire au revoir, et il promit à Steph de l'attendre derrière la ligne d'arrivée. Quand il fut parti, Carole se tourna vers son amie :
– Bravo, Steph, je suis très impressionnée ! Non seulement c'est la première fois que je te vois refuser de faire un pari avec Phil, mais, en plus, tu as le triomphe modeste.
– Détrompe-toi, répondit Steph. En fait, je savais que j'avais raison à cent pour cent ! Ça me suffisait !
Carole et Lisa éclatèrent de rire.

8

Lisa s'aperçut vite que, si elle-même avait révisé son jugement sur Chloé, ce n'était pas le cas de ses deux amies. Steph allait jusqu'à la provoquer.

– On a eu raison de s'entraîner comme on l'a fait, lança-t-elle. Au moins, on est préparées, et Arizona est en pleine forme. Phil aurait dû m'écouter !

Chloé démarra au quart de tour.

– L'entraînement ne suffit pas toujours,

objecta-t-elle. La morphologie du cheval est aussi très importante. Ça peut compter pour beaucoup dans ce genre de course. Les anglo-arabes sont les plus aptes pour ce type de rando. Lisa m'a dit que ta jument avait du sang arabe…

– Arizona est une jument tout à fait exceptionnelle ! l'interrompit Steph sur un ton qui n'admettait pas de réplique.

Elle prit une profonde inspiration pour contenir son agacement. Bien entendu, Arizona avait des faiblesses, mais Steph n'était pas prête à les reconnaître devant cette soi-disant experte.

– La race du cheval n'est pas ce qui compte le plus, observa Max. Tant que nous respectons leurs limites et leurs faiblesses, et que nous restons à leur écoute, il n'y a pas de problème. Et si en plus ils sont confortables, alors tout va bien !

– C'est vrai, admit Steph en grimaçant.

Les coutures de son jean la blessaient, et elle avait mal partout !

– Moi, j'ai les pieds en compote, se plaignit

Lisa. Carole, elle, a les mollets tout égratignés !

– C'est parce que vous n'avez pas l'équipement approprié, remarqua Chloé.

Carole jeta un œil sur l'équipement de la cavalière. Jusqu'à présent, elle l'avait surtout trouvé bizarre, mais maintenant qu'elle considérait sa bombe avec des trous d'aération, la paille à laquelle elle pouvait boire sans lâcher les rênes, ses espadrilles spéciales, et les sacoches sur sa selle, elle comprenait son utilité.

– N'exagérons pas non plus ! Disons qu'on est fourbus, mais pas cassés ! plaisanta Max. Il nous reste encore quatorze kilomètres à parcourir…

– Oui, et les dix derniers sont les plus faciles, leur apprit Chloé. Les quatre prochains, eh bien…

– Oh, non ! grogna Carole.

Ils se trouvaient au pied d'une colline qui s'élevait à pic devant eux. Le sentier, audelà de la ligne d'arbres, serpentait dangereusement en amont.

– Ça ne va pas être de tout repos ! renchérit Chloé.

Elle mit pied à terre, croisa les étriers sur sa selle, et attrapa les rênes dans sa main droite.

– Qu'est-ce que tu fais ?

– Je préfère marcher. Ce sera plus facile pour Blanco. Il doit y avoir cinq cents mètres à faire, pas plus.

– Excellente idée, dit Max, en se laissant glisser de la selle à son tour.

Lisa s'en voulut de songer à son confort avant celui de Prancer. Elle entama la montée derrière les autres. Ses grandes bottes d'équitation rendaient la marche pénible, sans parler de ses pieds endoloris. Et surtout, jamais elle n'avait longé de si près un précipice. Pourtant, elle ne pouvait pas tenir les rênes de Prancer à droite. Ce n'était pas dans l'habitude de sa jument, qui ne comprendrait pas ce changement. Elle s'efforça de ne pas regarder en bas pour éviter le vertige.

Carole suivait tant bien que mal Chloé, qui

avançait avec une facilité déconcertante. Steph, juste derrière, commençait à sentir la brûlure du soleil sur ses bras, et regrettait de ne pas avoir emporté de crème solaire. Quant à Lisa, pour dissiper son angoisse, elle récitait ses tables de multiplication, les yeux fixés sur le dos de Steph.

Soudain, les filles entendirent un bruit sourd, puis un cri de Max qui se répercuta dans la vallée. Elles eurent juste le temps de se retourner pour voir Barq, pris de panique, faire un écart. Max se démenait comme un beau diable pour le maîtriser, mais l'épaule de Barq vint heurter sa poitrine, et l'homme et le cheval perdirent l'équilibre au même moment, basculant dans la pente abrupte.

– Max ! hurla Lisa.

Elle entendit les cris de ses amies, puis elle vit, impuissante, Barq glisser sur ses sabots, tentant de freiner pour retrouver son équilibre. Max valsa dans les airs, en un mouvement presque ralenti, comme un danseur. Puis sa tête alla cogner un rocher. Son corps s'effondra dans un nuage de poussière. Puis plus rien. Il resta étendu, parfaitement immobile.

9

Le Club du Grand Galop n'avait jamais assisté à un accident de cheval aussi spectaculaire. Max ne bougeait plus. Barq essaya de se remettre debout, les jambes tremblantes, tomba de nouveau, heurta dans sa chute un bloc de rochers, et dégringola au pied de la colline. Quand il s'arrêta, à presque vingt mètres au-dessous de Max, il se releva tant bien que mal, redressa la tête, et s'immobilisa. Son épaule saignait.

Les filles n'en croyaient pas leurs yeux. Pendant un instant, elles crurent que Max allait se relever, secouer la tête et rire en lançant une plaisanterie à ses trois élèves, figées là-haut, comme il avait l'habitude de le faire. Mais rien de tel n'arriva. Comme s'il était mort. Elles n'osaient plus respirer, les jambes en coton, incapables du moindre mouvement. Des larmes se mirent à couler sur leurs joues.

Pourtant, il fallait agir, vite ! Retrouvant un semblant de sang-froid, Carole tendit ses rênes à Chloé et dévala le sentier. Sans s'être concertées, Steph et Lisa l'imitèrent.

– On arrive, Max, tiens bon !

Elles progressèrent tant bien que mal sur les cailloux qui roulaient sous leurs pieds pour atteindre le moniteur.

Max était étendu sur le dos, la tête appuyée contre le rocher qu'il avait heurté. Le coin de sa bombe était déchiré. Il était pâle et avait du sang sur le bras.

– On va le déplacer et lui mettre la tête vers le haut de la colline, proposa Steph.

– Non ! s'écria Carole. Au brevet de premier secours, on nous a dit de ne jamais bouger un blessé.

Elle avait parlé d'un ton si ferme que Steph sursauta.

– Désolée…, murmura-t-elle.

– Il faut faire quelque chose, dit Lisa.

– Attendez, je réfléchis, répondit Carole. On… on doit d'abord vérifier s'il respire et mesurer son pouls.

Elle se souvint comment prendre le pouls : en appuyant le pouce contre une artère du cou. Elle sentit les battements du cœur et la respiration de Max.

– C'est bon, il vit, soupira-t-elle.

– Il a perdu connaissance. Il a peut-être des fractures, mais ça, on ne le saura que lorsqu'il se réveillera, ou quand il sera à l'hôpital.

Elle regarda le sentier. Aucun cavalier en vue. Comment donner l'alerte ?

– Je vais chercher de l'aide, décida Lisa. La ligne d'arrivée n'est plus loin. Vous, occupez-vous de Max et de Barq.

Carole protesta :

– Il vaut mieux rester groupées et attendre que quelqu'un nous rejoigne ! Je ne veux pas qu'il t'arrive quelque chose, à toi aussi !
– Ne t'inquiète pas. Prancer est le cheval le plus rapide, et elle s'est bien reposée à la dernière halte. Et puis, Chloé sera plus à même de vous aider avec son matériel.
Les filles acquiescèrent. Elles n'étaient pas certaines qu'il y eût encore des cavaliers derrière elles, et elles devaient faire vite.
Lisa grimpa vers le sentier.
– Je peux aller chercher de l'aide, si tu veux, proposa Chloé. Après tout, Max est ton moniteur, et peut-être que vous voulez rester ensemble auprès de lui.
Lisa refoula les larmes qui lui montaient aux yeux.
– Non, Chloé, merci. Carole et Lisa pourraient avoir besoin de ton aide à tout moment.
À son grand étonnement, Chloé passa un bras autour de ses épaules :
– Bonne chance, Lisa. Une fois dans les bois, le sentier file tout droit, sans embûches.

Tu pourras prendre de la vitesse. Mais fais attention, et surtout ne panique pas.
Lisa fit un signe de la main à ses amies et conduisit Prancer en haut de la colline. Puis elle monta en selle et lui fit prendre un petit trot. Elle brûlait d'envie d'aller vite, mais elle ne pouvait pas se mettre en danger. La vie de Max dépendait d'elle.
Elle caressa l'encolure de sa jument. Prancer avait déjà parcouru soixante-six kilomètres. Pouvait-elle lui faire prendre le galop sur le reste du chemin ? C'était sûrement trop lui demander. Elle pourrait se blesser. Pourtant, Lisa sentit qu'elle n'avait pas le choix.
Elle pressa alors les flancs de Prancer, doucement mais fermement, et la jument répondit aussitôt à son appel. Elle allongea le pas, leva la tête, et bientôt prit un trot enlevé, souple et rapide. On aurait dit qu'elle avait compris la situation. Elle volait comme le vent, comme elle savait le faire depuis sa naissance, en bonne trotteuse qu'elle était.

10

– Il saigne beaucoup, s'inquiéta Steph en montrant la blessure de Max.

Après le départ de Lisa, Carole et elle tentaient de soigner Max avec les moyens du bord.

– Il faut empêcher le sang de couler !

Steph sortit des mouchoirs de son sac, et commença à tapoter doucement la plaie.

– Presse sur la blessure, mais…

– … Ne le bouge pas, je sais, Carole… Avec

quoi peut-on lui faire un bandage ?
Carole jeta un œil autour d'elle.
– Les bandes de travail d'Arizona ! dit Steph. Chloé, peux-tu les prendre et nous les lancer, s'il te plaît ?
Chloé avait déjà attaché Blanco à un arbre. Tout en tenant les rênes de Diablo et d'Arizona, elle parvint à attraper les bandes et les envoya à Steph.
Carole fit un bandage de fortune sur le bras de Max :
– Il a perdu beaucoup de sang, Steph…
– Il va s'en sortir, tu vas voir… Regarde, le sang ne coule plus !
– Il… il faut aller voir Barq. Il saigne, lui aussi.
Barq, un peu plus bas, attendait sans bouger.
– Je vais aider Chloé à attacher les chevaux, et nous irons le voir. Elle pourra peut-être m'aider… Promets-moi d'appeler s'il y a du nouveau…
Carole acquiesça. Steph pouvait lire l'angoisse dans son regard. Elle la quitta à contrecœur et remonta la pente pour rejoindre Chloé.

– Je ne sais pas comment les attacher avec ces mors, dit Chloé. Je n'ai pas l'habitude.
Steph jeta un œil sur le mors de Blanco : c'était un filet spécial, qui pouvait se détacher en un clin d'œil et transformer le bridon en un simple licou. Attacher les animaux avec leur mors en pleine nature pouvait être très dangereux si jamais ils tiraient sur les rênes pour se libérer.
– On va se débrouiller, expliqua Steph. Défais le bridon du mors, resserre celui qui entoure les naseaux, et on les attachera comme ça.
– C'est bon ! s'exclama Chloé une minute plus tard.
Elles attachèrent les chevaux à un tronc d'arbre. Elles agissaient avec rapidité et efficacité. Puis Steph se tourna vers Carole et lui fit un signe. Les deux cavalières descendirent la colline avec précaution jusqu'à Barq. Il se tenait debout sur une sorte de corniche à peu près stable et assez large pour lui. Les filles parvinrent à se faufiler à ses côtés. Steph s'attendait au pire, mais

Barq n'avait pas l'air de souffrir beaucoup. Il renifla doucement Steph. Chloé tâta son corps délicatement.

– Il prend appui sur ses quatre membres. Il doit avoir mal partout, mais apparemment il n'a rien de cassé.

– Il saigne beaucoup, remarqua Steph, impressionnée par son calme.

Chloé prit de l'eau de son sac-gourde et en aspergea la blessure de Barq. Steph enveloppa aussitôt l'épaule du hongre avec les bandes de travail.

– Les autres blessures semblent moins importantes, dit-elle.

Elle regarda la selle, qui était terriblement abîmée. Quant au bridon, il avait lâché au niveau de la boucle des rênes, qui traînaient par terre. Steph se mordit les lèvres et lança un regard anxieux vers le haut de la colline. Carole n'avait pas bougé ; Max non plus.

– Bon, dit Chloé. Il faut le remonter là-haut.

– Mais comment ? La côte est très raide. Il est capable de la gravir, mais si nous le guidons, il risque de nous tirer en arrière.

– Dans ce cas, il vaut mieux qu'on le tienne chacune par une rêne, et qu'on l'aide à grimper entre nous, suggéra Chloé.
Elles essayèrent, mais les rênes n'étaient pas assez longues. Chloé décida alors de monter prendre les rênes de Blanco.
Il lui fallut de longues minutes pour monter sur le sentier et redescendre. Puis les deux filles aidèrent Barq à se mettre face à la côte, et elles le guidèrent doucement, en l'encourageant à chaque pas. Barq avançait lentement. Quand le raidillon s'accentua, il trouva son équilibre en balançant la tête. Ils y étaient presque ! Steph encouragea Barq :
– Allez, mon Barq, encore quelques pas.
Barq souffla, rassembla ses forces, et franchit les derniers mètres. Il tremblait sous l'effort. Chloé se dépêcha de l'écarter du bord de la falaise.
– On a réussi ! souffla Steph en se laissant tomber à terre.
Elle resta immobile quelques secondes, et songea que, sans Chloé, elle n'y serait pas arrivée. Elle se tourna vers elle pour la

remercier quand, au même instant, elle entendit Carole qui les appelait en agitant les bras :
– Venez vite ! J'ai besoin de vous !

Elles se penchèrent sur Max : sa poitrine continuait de se soulever régulièrement, mais c'était bien là le seul signe rassurant.
– Il a l'air d'aller plus mal que tout à l'heure, remarqua Steph. Son visage est tout gris.
– Je sais, Steph. Qu'est-ce qu'on peut faire ?
Elle était désespérée. Max était bien plus qu'un simple moniteur à ses yeux. Cette fois, elle eut plus de mal que la première fois à trouver son pouls.
– C'est bizarre, son pouls s'accélère, mais il est plus faible.
– Pas de panique, Carole..., la rassura Steph. Il est sous le choc et...
– Mais oui ! l'interrompit Carole. Je me souviens, en cas de traumatisme, il faut surélever les pieds, arrêter les saignements, et

maintenir la chaleur du corps…
– Bon, alors c'est plutôt une bonne chose qu'il soit tombé la tête vers le bas, vu qu'on ne peut pas le bouger…
Steph attrapa son pull et le posa sur Max. Carole l'imita.
– Il saigne encore ? demanda Chloé.
– Non, je ne crois pas.
Elle se pencha et pressa légèrement le bandage de fortune. Aucune goutte de sang ne le transperça.
– Je vais chercher mon pull, dit Chloé.
– Lisa devrait arriver bientôt là-bas…
– Oui, j'en suis sûre, fit Steph. Essayons de ne pas paniquer. Max ne nous laissera pas tomber, ce n'est pas son genre.
Chloé revint avec sa tunique et son tapis de selle, et en couvrit le corps de Max. Soudain, ils entendirent hennir Diablo. Un cavalier grimpait le sentier. Les filles l'interpellèrent de loin. Il mit pied à terre, attacha son cheval et les rejoignit. Elles lui expliquèrent brièvement ce qui s'était passé.
– Hum… je ne vois pas comment je peux

me rendre utile, dit-il. Vous n'êtes pas blessées ?

– Non, nous, ça va ! répondit Carole.

– Vous avez fait tout ce qu'il fallait... Quelqu'un est allé chercher de l'aide ?

– Oui, il y a une demi-heure environ...

– Vous pourriez peut-être y aller aussi ? suggéra Chloé. Juste au cas où...

– Bien sûr.

Le cavalier leur tendit son sac :

– Prenez ce dont vous avez besoin : il y a des bandes, des barres de céréales et de l'eau. Et voilà ma veste... Je me dépêche. Restez calmes, surtout. Les secours ne vont pas tarder.

Il repartit. Les filles s'installèrent tant bien que mal autour de Max. Son pouls restait toujours aussi faible. Carole n'arrivait pas à calmer son anxiété. Comment allaient-ils s'en sortir ?

– Lisa est partie depuis quarante minutes, dit Chloé. Il faut une bonne heure pour terminer le parcours. On doit compter une heure et demie avant l'arrivée des secours.

– J'espère qu'elle ne s'est pas perdue, murmura Steph.
– Non, pas Lisa. Elle est bien trop attentive…
Carole reprit le pouls de Max :
– Il faut qu'ils fassent vite. Son cœur faiblit…

11

Lisa avait l'impression qu'elle n'atteindrait jamais le but. Elle se tenait à moitié debout sur ses étriers, de façon à ne pas trop peser sur le dos de Prancer. La jument galopait maintenant. Elle avançait contre le vent, respirant bruyamment. Elle était en nage ; ses flancs et son encolure écumaient. Lisa caressa sa crinière.

– C'est bien, ma belle, continue comme ça…

Elle pouvait sentir la fatigue de sa jument, et elle pressa doucement ses flancs pour l'encourager. Bientôt, elle aperçut les drapeaux rouges de la ligne d'arrivée. Des gens y attendaient. Parmi eux, elle reconnut Mme Reg et Deborah.

Elle talonna une dernière fois sa jument.

– Encore un effort, Prancer, on y est presque !

Prancer redressa la tête et franchit les derniers mètres au triple galop. Les cavaliers et leurs équipiers levèrent la tête, stupéfaits. Jamais un participant ne terminait sa course par un sprint… Lisa se dirigea droit vers Mme Reg.

Elle se laissa glisser au bas de la selle, et atterrit directement dans les bras de la mère de Max, très surprise de la voir arriver seule.

– Max ! dit-elle dans un souffle.

Elle vit alors Deborah, avec Maxine dans ses bras. Elle s'efforça d'articuler et de parler clairement.

– Max a eu un accident. Il est gravement blessé. Il faut envoyer de l'aide.

Deborah pâlit violemment. Elle confia Maxine à Mme Reg et se précipita vers Lisa. Les organisateurs, qui avaient entendu Lisa, appelaient déjà l'équipe de secours et mobilisaient une ambulance.

– Que s'est-il passé ? Qu'est-ce qu'il a ? Il peut parler ?

Les questions de Deborah fusaient, teintées d'angoisse.

– Il est inconscient, et il a une blessure au bras. Il a perdu beaucoup de sang. J'ai fait aussi vite que j'ai pu. Prancer est formidable.

– Je sais, murmura Deborah.

Elles rejoignirent les secouristes, et Lisa raconta l'accident aux deux médecins présents sur place.

– Nous venons avec vous, déclara Deborah. Je suis la femme de Max.

– Bien sûr, répondit le médecin d'une voix douce. Je suis Susan, et voici mon collègue, Daniel. En route !

Les organisateurs mirent à leur disposition un véhicule tout terrain. Les deux médecins chargèrent à l'arrière le matériel de premier secours et une civière gonflable. Puis Lisa et Deborah grimpèrent dans la voiture. Lisa jeta un dernier coup d'œil à sa jument. Elle laissa échapper un soupir de soulagement : tous ses amis l'entouraient. Le 4x4 démarra dans un nuage de poussière.

La nuit allait tomber. Les ombres commençaient à s'allonger sur la colline. Max continuait de respirer, mais il n'avait pas repris conscience.

– Je vais voir si les chevaux vont bien, dit doucement Chloé.

– Ça me rend dingue d'attendre comme ça ! s'écria Carole quand elle fut partie.

– Son état n'empire pas, Carole.

– Mais on n'en sait rien, Steph. C'est ça qui est terrible !

Steph ne trouvait pas de mots pour réconforter son amie.

– Quand ma mère est morte, poursuivit Carole, mon père et moi, on a attendu comme ça des heures durant, on a attendu, et il ne se passait rien… Elle ne s'est tout sim-

plement pas réveillée. Elle est morte !
– Max ne va pas mourir. Tu te souviens, quand j'ai eu une commotion cérébrale ? C'était impressionnant, mais c'est tout…
– J'ai si peur ! dit Carole d'une voix tremblante.
Sa mère était morte d'un cancer quelques années plus tôt. Carole en parlait rarement, tant le souvenir de sa maladie était douloureux.
– Et qu'est-ce que tu faisais ? lui demanda Steph. Tu lui parlais ?
– Non, répondit Carole, les yeux remplis de larmes. J'en avais envie, mais je ne savais pas quoi dire… Après, je m'en suis voulu, elle m'aurait peut-être entendue. Mais les médecins lui avaient donné des médicaments pour qu'elle ne souffre pas… Elle était inconsciente… J'ai tellement regretté de ne pas lui avoir parlé !
– Alors, vas-y, Carole, parle à Max. Non pas qu'il risque de mourir, mais ça le distraira.
Carole secoua la tête :

– Il n'y a que toi pour vouloir distraire quelqu'un de blessé et d'inconscient !
– Même quand je dors, je raconte des blagues, dit Steph en souriant.
Chloé revint.
– Ils vont bien, dit-elle. Je leur ai donné à boire. Barq est encore un peu sonné.
– On va parler à Max, dit soudain Carole avec détermination. Hé, Max !
– Salut, Max ! dirent à leur tour Steph et Chloé.
– On ne voudrait pas que tu t'ennuies, poursuivit Steph. Tu aimerais que je te raconte quelques histoires de fantômes ?
– Max, je te remercie pour tout ce que tu m'as appris, murmura Carole. Tu es le meilleur moniteur que j'aie jamais connu, même si je n'ai jamais connu que toi.
– Merci de m'avoir pris sous votre responsabilité, dit Chloé. C'est très chic de votre part…
– Bon, enchaîna Steph, moi, je ne peux pas te parler aussi sérieusement qu'elles, parce que venant de moi, tu n'y croiras pas une

seconde…
– Alors je vais parler pour elle, reprit Carole. Je vais essayer pour une fois de raconter une bonne blague…
– Meilleure que les miennes ? fit mine de s'indigner Steph.
– Je vais tenter le coup. Est-ce que tu connais l'histoire du fantôme qui avait peur du noir ?
– Vas-y, acquiesça Steph.
– Alors voilà. C'est un fantôme qui a peur du noir et…
– Il se passe quelque chose là-haut ! s'écria Chloé.
Les filles se retournèrent. Les quatre chevaux se tenaient immobiles, l'oreille aux aguets.
– Ils ont entendu du bruit… Allons-y !
– Je reste avec Max, proposa Chloé.
Au moment où elles arrivaient sur le sentier, Steph et Carole virent le 4x4 grimper vers elles. Le véhicule s'arrêta, et tout le monde sauta à terre. Carole conduisit aussitôt Deborah et les médecins jusqu'à Max,

tandis que Lisa restait avec Steph près des chevaux, apeurés par cette agitation soudaine.

– Qu'est-ce qu'on fait ? On les selle et on repart ? demanda Steph. Comment est le sentier ?

– Il est facile, la rassura Lisa.

– Ils vont sûrement transporter Max dans une civière gonflable jusqu'à la voiture, puis l'emmener à l'hôpital. Nous, on peut y aller.

– Et Barq ? Est-ce qu'il est en mesure de marcher ? demanda Lisa.

– Oui, mais à condition d'aller lentement, répondit Chloé, qui les avait rejointes.

Les médecins mirent Max sous perfusion et l'examinèrent avec des gestes rapides et précis. Après lui avoir immobilisé le cou avec une minerve, ils le transportèrent délicatement sur la civière. Max grogna. Carole sourit et pressa la main de Deborah :

– C'est le premier son qu'il sort…

Deborah était sous le choc. Elle tenait la main de Max alors qu'on le transportait vers le sentier. Quand elle le vit battre des paupières, de grosses larmes roulèrent sur ses joues.

– Il revient à lui, souffla-t-elle.

Daniel et Susan semblaient aussi soulagés.

– Il est sauvé ? demanda Lisa.

– Il doit avoir une commotion cérébrale, expliqua Daniel, et sa blessure est très profonde. Si elle n'avait pas été pansée, il serait déjà…

Il ne finit pas sa phrase. Carole était pâle comme un linge.

– Daniel et moi, on va le porter jusqu'au sommet, décida Susan. Le chemin est trop mauvais, c'est risqué de lui faire subir les cahots du 4x4. Pouvez-vous le conduire jusqu'à nous ? demanda-t-elle à Deborah.

– Bien sûr. Tu viens avec moi, Steph ?

– Nous allons repartir par le sentier, annonça Lisa. Je prends Barq.

Lisa noua les rênes cassées de Barq et le caressa doucement. Elle avait les pieds en compote, et ses membres étaient raides de fatigue, mais elle se ressaisit en se disant que Barq était bien plus mal qu'elle.

Chloé lui tendit les rênes de Blanco :

– Tiens, monte Blanco, moi, j'emmène Barq.

– Non, ça va, Chloé… Je te remercie.

– Tu es épuisée, Lisa. Moi, je suis en pleine forme. Ça ne me gêne pas d'aller à pied.

– Alors, on changera plus tard, promit Lisa.

Elle grimpa sur le dos de Blanco et, à sa grande surprise, découvrit que la selle était aussi confortable qu'un fauteuil.

– Merci, Chloé, murmura-t-elle.

Carole, sur le dos de Diablo, prit les rênes d'Arizona. Chloé la suivait avec Barq. Lisa et Blanco étaient derrière.

12

L'infirmière sortit de la chambre d'hôpital. Elle sourit aux quatre jeunes filles qui attendaient sur le seuil de la porte.

– Vous pouvez entrer. Mais ne restez pas trop longtemps ! Il a besoin de repos.

– Max !

Devant leur moniteur, Steph, qui s'était promis de rester calme, vit s'envoler toutes ses bonnes résolutions.

– Max ! Comment vas-tu ? C'est génial de

te voir comme ça, tu sais ! Comment tu te sens ?
Elle se laissa tomber sur le bord du lit, mais la grimace de Max la fit se relever aussitôt.
– Oh, désolée ! On… on est si contentes de te voir ! Tu es très mignon en pyjama !
Soutenu par plusieurs oreillers, leur moniteur avait décidément un drôle d'air dans son pyjama bleu d'hôpital.
– Sacrée Steph ! dit-il en esquissant un sourire.
Deborah se tenait au chevet de son mari, Maxine sur ses genoux. Lisa prit Maxine dans ses bras et commença à jouer avec elle. Mme Reg insista pour emmener Deborah prendre un en-cas à la cafétéria pendant que la joyeuse troupe s'occuperait de Max et du bébé. Deborah hésita, puis finalement accepta son offre. Peu après avoir franchi la ligne d'arrivée, Lisa, Carole, Steph et Chloé avaient été invitées au restaurant par un des organisateurs de la course. Elles avaient avalé d'énormes pizzas, en compagnie des parents de Chloé.

Les filles entourèrent Max. Pendant quelques instants, personne ne parla. Carole n'en revenait pas de le voir vivant. « Si je le lui dis, je pleure », se dit-elle. Elle se contenta de sourire.

– Eh bien, les filles ! dit enfin Max. Quel mauvais accompagnateur je fais, hein ? Heureusement que vous étiez là !

– Ce genre d'accident aurait pu arriver à n'importe qui, dit Chloé. C'est un hasard que ce soit tombé sur Barq.

– Je n'ose même pas imaginer ce qui aurait pu se produire si tu avais été sur son dos..., fit Carole

– Deborah m'a raconté ce qui s'est passé.

– Tu ne te souviens de rien ? demanda Lisa.

Max secoua la tête.

– Non, de rien du tout ! Juste d'avoir embrassé Deborah avant de quitter la seconde halte vétérinaire.

– Mais ça ne va pas du tout ! s'exclama Steph.

– Oh, c'est juste un traumatisme crânien ! expliqua Max. C'est normal. Les médecins disent que la mémoire va revenir progressivement. Comment va Barq ? demanda-t-il.

– Il a une blessure à l'épaule, le vétérinaire l'a recousue. Ça devrait aller.

– En tout cas, s'il est comme moi, il doit avoir l'impression d'être passé à la moulinette ! dit Max en riant.

– Oh, Max ! fit Steph. C'était affreux !

– Et d'ailleurs, plus jamais je ne veux assister à ça ! lança Carole. J'ai cru que… que tu allais…

Max grimaça.

– Désolé, les filles. Je vous ai fait une belle frayeur. Mais tout va bien à présent. D'après les médecins, deux choses m'ont sauvé la vie. La première…

Il attrapa un sac posé à côté de lui et en sortit sa bombe.

– … La voici ! Vous comprenez maintenant pourquoi j'exige que vous en portiez toujours une… Et la seconde – il montra son bras et s'éclaircit la gorge –, c'est le pansement que vous m'avez fait. Sans ce pansement, je serais peut-être mort. Il paraît que j'ai perdu beaucoup de sang…

Steph frissonna au souvenir du sang qu'elle avait vu couler de sa blessure.

– Il faut fêter ça ! lança-t-elle. Allez, chacune un vœu, tu nous dois bien ça, dit-elle à l'intention de Max.

– Une course d'endurance, dit aussitôt Carole.

– Avec un pique-nique, ajouta Lisa.

– J'ai une meilleure idée ! fit Steph. Que diriez-vous d'une glace chez Sweetie ? J'ai promis à Chloé de lui en offrir une si on terminait la rando !

– C'est vrai ! dit Chloé. Je n'habite pas trop loin, et je viens parfois à Willow Creek avec ma mère.

Max sourit :

– C'est d'accord. À ta prochaine visite, nous nous retrouverons chez Sweetie.

– Formidable ! dit Lisa avec un grand sourire.

Maxine jouait avec ses cheveux, et elle écarta doucement sa petite main.

Chloé se leva :

– Je dois y aller. Mes parents m'attendent avec Blanco.

Elle adressa un sourire à Max et lui montra la médaille sur son chandail.

– Merci d'avoir été mon accompagnateur… Et merci pour cette médaille : nous sommes arrivées dans le temps autorisé !

– Merci à toi, répondit Max. Et bravo pour la médaille !

– Bon, eh bien… au revoir…

Chloé était tout à coup intimidée.

– N'oublie pas de nous téléphoner ! lui rappela Lisa en l'embrassant.

Carole et Steph en firent autant, et Chloé quitta la chambre.

– Avec un peu de chance, je vous retrouve demain au Pin creux, dit Max en se laissant tomber sur ses oreillers.

Deborah et Mme Reg entrèrent à cet instant. Deborah portait un plateau garni.

– Impossible de la faire asseoir ! expliqua Mme Reg. Elle voulait absolument revenir près de toi. Vous êtes prêtes, les filles ? Je vous ramène ?

– Juste une question, intervint Max. J'ai l'impression que vous avez fait la paix avec Chloé, non ?

– Tu ne peux pas imaginer combien elle s'est montrée attentive et généreuse au moment de ton accident ! dit Steph. Au début, elle ne m'a pas fait bonne impression, mais on peut se tromper, n'est-ce pas ? Après la première partie de la balade, ça allait mieux.

Lisa sourit. Elle se retint de faire remarquer à ses amies que la « première partie de la balade », comme Steph l'appelait, c'était tout de même soixante-six kilomètres !

– Allez, on y va, lança Mme Reg. Max doit se reposer.

– Une dernière chose, les filles… Vous connaissez l'histoire du fantôme qui avait peur du noir ? Je ne sais pas pourquoi, ça me trotte dans la tête, et je ne me souviens pas de la chute…

Carole et Steph éclatèrent de rire.

– Demain, Max, c'est promis !

13

– Hé ! Debout les filles !

Steph sentit qu'on lui secouait doucement l'épaule.

– Hum…, grommela-t-elle.

Elle ouvrit un œil.

– Ah ! Madame Reg… On est arrivées ?

Elle s'était endormie sur le siège arrière du van de Max. Lisa dormait contre son épaule.

– Il faut aller voir les chevaux, dit Mme Reg.

Steph bâilla et descendit du van, suivie de Carole et Lisa. Steph regarda autour d'elle. Décidément, les écuries du Pin creux étaient un endroit merveilleux ! La rangée d'arbres se détachait sur le ciel obscur. Steph savait qu'ici, au moins, elle ne risquait pas de se perdre dans les sentiers.

– Quelle heure est-il ?

– Presque minuit.

Les trois amies ouvrirent les portes du van et firent descendre les chevaux.

– C'est fou, dit soudain Steph en secouant la tête. Ce matin, on était en train de randonner…

– C'est une journée qui semble ne pas avoir de fin, n'est-ce pas ? dit Mme Reg.

Elles conduisirent les chevaux dans les écuries. Bob avait déjà préparé leur arrivée en nettoyant les boxes et en remplissant les seaux et les mangeoires d'eau fraîche et d'avoine.

Quand Prancer plongea sa tête dans le seau, Lisa lui entoura l'encolure avec ses bras.

Elle était étonnée de constater combien Prancer était en forme. Elle paraissait un peu plus maigre au niveau des côtes – les chevaux peuvent perdre énormément de poids en une journée –, mais, pour le reste, tout allait bien. Lisa la bouchonna et l'étrilla, puis elle l'examina soigneusement, à la recherche d'une blessure éventuelle. Le fer qu'avait remis le maréchal-ferrant tenait très bien.

– Tu es merveilleuse, lui murmura Lisa. Merci pour tout, Prancer…

Carole ne se sentait pas moins fière de Diablo, qu'elle chouchouta tout autant. Quant à Steph, elle appuya sa joue sur l'encolure d'Arizona tandis qu'elle lui brossait le dos. Elle se demandait ce que faisait Phil en ce moment. Il devait être soulagé que Teddy soit sorti indemne de la rando.

Puis les cavalières se retrouvèrent autour de Barq. Mme Reg changeait son pansement.

– Comment va-t-il ? demanda Carole.

– Plutôt bien. Je vais veiller sur lui. Allez vous coucher, vous devez être épuisées. J'ai

posé vos sacs de couchage dans la grange. Vous dormirez là, j'ai prévenu vos parents.
Le Club du Grand Galop ne se le fit pas dire deux fois.

Une fois dans la grange, Carole déroula lentement son sac de couchage.
– Quelle journée ! soupira-t-elle. Je n'aimerais pas en revivre une comme ça de sitôt !
– Max est tiré d'affaire, c'est l'essentiel, dit Steph.
– Et Barq et les autres chevaux vont bien, renchérit Lisa.
– Sans oublier Phil, et Teddy ! Pauvre Phil ! ajouta Steph. Il m'a fait de la peine.
– Il l'a quand même un peu cherché, avoue-le, dit Lisa.
– C'est vrai.
– En tout cas, ça lui aura servi de leçon, conclut Lisa.
– Ah, ça, c'est sûr ! Carole, je voulais te dire que j'ai été très impressionnée par la manière dont tu t'es occupée de Max. Tu as été formidable ! fit Steph.

Carole haussa les épaules :
– Tu parles ! J'ai complètement paniqué. Toi, tu as su garder ton sang-froid.
– C'est Lisa qui a eu la partie la plus difficile : elle a parcouru les derniers kilomètres comme une pro.
– Je n'y suis pour rien. C'est Prancer qu'il faut féliciter.
À l'extérieur de la grange, Mme Reg éteignit les lampes, et l'obscurité les enveloppa.
– Tu te souviens de ton premier concours, Lisa ? demanda Steph.
– Oh, ne m'en parle pas, Steph ! Je n'oublierai jamais le moment où Prancer a renversé un jury et fait le parcours en sens inverse au galop !
– Prancer et toi, vous avez fait parcouru un sacré chemin depuis !
– Je pense à Chloé, dit soudain Carole. Elle est bien, cette fille. Elle a été juste un peu maladroite. Chaque fois qu'elle voulait nous aider, j'avais l'impression qu'elle nous humiliait et qu'elle se vantait.
– Pourtant, elle voulait vraiment nous aider.

– Mais elle nous cassait les pieds ! s'exclama Steph. Elle nous prenait pour des débutantes. C'était insupportable !

– En vérité, on ne se rendait pas compte qu'on en savait si peu…

– Tu as raison, approuva Steph. En fait, on ne se comportait pas tellement mieux que Phil. En tout cas, pour moi, finis, les jeans dans ce genre de course !

– Et moi, les bottines ! s'exclama Carole.

– Vivement que je me fasse offrir les espadrilles spéciales pour randonnées équestres, renchérit Lisa. On a quand même du mérite, les filles, on est allées jusqu'au bout de la balade, et on a remporté une médaille !

– C'est une bonne chose, grommela Steph. Parce que, pour rien au monde, je n'aurais voulu recommencer !

FIN